Vorwort

Kenntnisse in **Allgemeiner Wirtschaftspolitik** sind für Volkswirte und Betriebswirte gleichermaßen relevant. Sie helfen im Grundstudium und im Examen, das angesammelte Wissen in einen größeren Zusammenhang zu bringen. Dies ist oft wichtiger als Faktenwissen - Brücken und gedankliche Verbindungen können hergestellt werden.

Aber gerade die Einordnung theoretischer Positionen wird oft in den einschlägigen Lehrbüchern zur Wirtschaftspolitik nicht geleistet. Verfasser stellen häufig ihre Steckenpferde ausführlich dar, während ein knapper Führer durch die Welt der Lehrmeinungen nicht existiert. In einigen Büchern ist die IS/LM-Analyse Zentrum des Abschnitts "Stabilisierungspolitik", andere Bücher erwähnen das Modell nur kurz. In einigen Büchern ist von "Ordnungspolitik" die Rede, in anderen Werken taucht dieser Begriff nicht auf. Dies ist legitim. In der Wirtschaftspolitik gibt es - wie in jedem Zweig der Wissenschaft - verschiedene Forschungsrichtungen. Viele Autoren haben sich spezialisiert. Aber der Leser, der sich einen Überblick verschaffen möchte, steht einer erschwerten Situation gegenüber.

Diesen Überblick verschafft die vorliegende Arbeit. In einer kurzen, auf das Wesentliche konzentrierten Darstellung werden die wichtigsten Lehrmeinungen erläutert, so daß quasi eine Landkarte für die wirtschaftspolitischen Diskussionen erstellt wird. Die Fußnoten weisen auf Vertiefungsliteratur hin. Weiterhin hilft diese Darstellung dem Studenten beim *systematischen Vor- und Nachbereiten* der Vorlesung und als *Repetitorium* für Klausur und Examen.

Bei der Gestaltung von **Allgemeine Wirtschaftspolitik** wurde, wie in der gesamten Reihe, den folgenden drei Merkmalen besonderes Gewicht beigemessen:

-**Klare Sprache, Struktur** und **Übersichtlichkeit**: Oberbegriffe erscheinen bei der ersten Erwähnung fettgedruckt; Zitate und wichtige Sachverhalte werden durch *Kursivschrift* hervorgehoben. Sachverhalte werden verständlich dargestellt, ohne auf essentielle Gedankengänge zu verzichten. Der leider nicht einheitlichen Terminologie wird dadurch Rechnung getragen, daß der jeweils *meistverwendete* oder *verständlichste Terminus* benutzt wird. Andere, ebenfalls verwendete Begriffe werden in Klammern zusätzlich erwähnt, um dem Leser die Orientierung im von ihm verwendeten Lehrbuch zu erleichtern.

-**Abbildungen**: Die verbale Darstellung wird durch *Abbildungen* ergänzt.

-**Beispiele** und **Kontrollfragen**: *Beispiele* und ihre *Lösungen* tragen zum besseren Verständnis bei. Außerdem haben wir *Kontrollfragen* - ebenfalls mit *Lösungen* - angeführt, die den Einstieg in eine intensive Wiederholung erleichtern.

Diese Darstellung ist auf die Inhalte der Titel **Makroökonomik, Mikroökonomik, Geldpolitik** und **Außenwirtschaft** abgestimmt, die ebenfalls in dieser Reihe erschienen sind. Für den interessierten Leser wurden Querverweise eingefügt. Ich danke Dipl.-Vw. Karl-Heinz Thielmann, Nikolaus Rollwage und zwei anonymen Kollegen für wertvolle Hinweise bei der Durchsicht des Manuskripts.

Princeton, im Sommer 1991 Max Otte

Inhaltsverzeichnis

1 Einleitung: der Gegenstand der Wirtschaftspolitik

1.1 Gegenstand und Probleme

In der **Theorie der Wirtschaftspolitik** werden die Organisationsprizipien von Wirtschaftssystemen und wirtschaftlichen Abläufen untersucht. Außerdem werden Leitlinien für die Gestaltung dieser Systeme und Abläufe entwickelt. Aus der Gesamtheit der gesellschaftlichen Fragestellungen werden vor allem diejenigen herausgegriffen, welche direkt mit dem Subsystem "Wirtschaft" zusammenhängen. Zwar ist diese Zuordnung nicht immer eindeutig. Aber von den einfachen Jäger- und Sammlerkulturen unterscheidet sich der moderne Industrie- und Dienstleistungsstaat durch die komplexe Form des gesellschaftlichen Zusammenlebens. Es lassen sich einzelne gesellschaftliche Subsysteme unterscheiden.

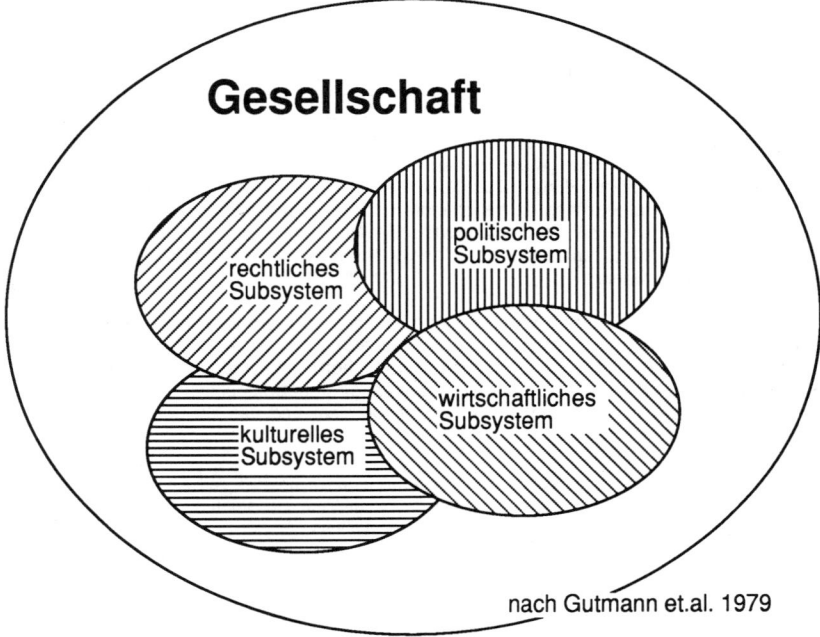

nach Gutmann et.al. 1979

1. Im **politischen Subsystem** werden die Strukturen des Zusammenlebens in einer Gesellschaft, die Herrschaftsstrukturen, die Mechanismen der Konfliktaustragung sowie der Umfang staatlichen und politischen Handelns festgelegt.

2. Im **wirtschaftlichen Subsystem** werden die Verhältnisse der Produktionssphäre bestimmt. Ähnlich wie im politischen Subsystem kann der wirtschaftliche Prozeß eine Gesellschaft mehr oder weniger stark durchdringen und prägen. Ökonomische und politische Fragen stehen aber immer in einem engen Zusammenhang.[1]

3. Auch mit dem **rechtlichen Subsystem** bestehen viele Verbindungen. Hier werden einige der Spielregeln für den Umgang der Menschen miteinander festgelegt. Viele Spielregeln existieren aber nur informell - das heißt, nicht als Gesetz - und haben sich durch eine lange geübte Praxis herausgebildet.

4. Demgegenüber existierte das **kulturelle Subsystem** - zumindest traditionell - relativ isoliert von der "Wirtschaft."[2]

Gesellschaftliche Handlungen und Prozesse können gleichzeitig für das politische, wirtschaftliche und rechtliche Subsystem von Bedeutung sein. Besonders die politischen und ökonomischen Systeme sind eng miteinander verknüpft. Nicht umsonst ist die Ökonomie, die Volkswirtschaftslehre, zunächst als "politische Ökonomie" wissenschaftlich begründet worden.[3] Dennoch ist es sinnvoll, für analytische Zwecke eine Unterscheidung zu treffen.

Der Begründer der modernen Nationalökonomie, ADAM SMITH, war in erster Linie Moralphilosoph und hat ausgiebig über die Mechanismen nachgedacht, welche das Zusammenleben der menschlichen Gesellschaft regeln sollen. Komplexe Gesellschaften haben einen sehr großen Regelungs- und Steuerungsbedarf. Millionen Einzelentscheidungen müssen koordiniert werden. Allein in einer größeren Stadt werden täglich mehrere hunderttausend Brote verzehrt, Autos gekauft, tausende Tonnen Abfall beseitigt, tausende Operationen durchgeführt, Flüge gebucht und Versicherungen abgeschlossen. In den Schulen wird unterrichtet, Patente werden angemeldet und Zeitungen werden geschrieben. In einer Nation ist die Anzahl der Transaktionen bedeutend höher. In der heutigen komplexen Weltwirtschaft steigt sie fast ins Unermeßliche. Für alle diese Vorgänge sind Entscheidungen notwendig.

In der Theorie der Wirtschaftspolitik werden grundsätzlich alle möglichen Entscheidungsverfahren behandelt, die der Steuerung des wirtschaftlichen Lebens dienen können. Sie greift sich aus den gesellschaftlichen Subsystemen das wirtschaftliche Subsystem heraus. Innerhalb dieses Gebietes sind hauptsächlich fünf Probleme von Interesse, von denen wiederum das Allokationsproblem und das Distributionsproblem besonders wichtig sind.

---

[1] Während z.B. in der Gesellschaft der Sowjetunion (oder Chinas) das Element der politischen Herrschaft stark im Vordergrund steht, ist in den westlichen Industrienationen der wirtschaftliche Prozeß eine beherrschende Komponente des täglichen Lebens.

[2] Zur Darstellung der Subsysteme vgl. Gutmann et.al.: Die Wirtschaftsverfassung der Bundesrepublik Deutschland. (Stuttgart-New York: UTB, 1979)

[3] David Ricardo: Principles of Political Economy and Taxation. deutsch: Grundsätze der politischen Ökonomie und der Besteuerung. (Frankfurt/M.: Fischer Athenäum Taschenbuch 1972)

1. Als erstes ist darum das **Allokationsproblem** zu nennen: Wie sollen die einzelnen Produktionsfaktoren gelenkt werden und wo sollen sie in welcher Menge eingesetzt werden? Soll z.b. mehr Kapital für die Schwerindustrie oder die Landwirtschaft eingesetzt werden? Sollen eher die berufliche Ausbildung oder die Hochschulen gefördert werden? Das Allokationsproblem hängt eng mit einer Grundfrage des Wirtschaftens, der Verwendung von knappen Ressourcen, zusammen.

2. Ein zweites Problem ist das **Distributionsproblem**: Wie sollen Einkommen und Vermögen auf die Individuen verteilt werden? Welcher Mechanismus schafft eine gerechte Einkommensverteilung? Man erkennt, daß für die Lösung des Distributionsproblems eine normative Fragestellung zu behandeln ist, weil es hier um Gerechtigkeitsvorstellungen geht.

3. Mit dem Allokationsproblem zusammen hängt das **Wachstumsproblem**: Wie kann ein angemessenes Wirtschaftswachstum erreicht werden, um steigende Bevölkerungszahlen zu ernähren oder steigende Bedürfnisse zu befriedigen?

4. Das **Stabilisierungsproblem** wird erst seit ca. 50 Jahren von der Volkswirtschaftslehre analysiert. Hier geht es nicht nur darum, wie auf lange Sicht ein möglichst hohes Wirtschaftswachstum erreicht werden kann, sondern wie dieses Wachstum auch möglichst verstetigt werden kann. Krisen und Rückschläge in der wirtschaftlichen Entwicklung sollen möglichst vermieden werden.

5. Das **Machtproblem** berührt wichtige gesellschaftliche Fragen: Wer trifft welche Entscheidungen? Wie weit darf die Macht von Individuen oder sozialen Gruppen reichen? Mit dem Machtproblem hängt die Frage nach der **individuellen Freiheit** sehr eng zusammen: In welchen Entscheidungen sollen die Individuen frei sein? Wo hört die Freiheit des Einzelnen auf? Welche Entscheidungen müssen gegebenenfalls gegen die Präferenzen einzelner Individuen getroffen werden, d.h., wo muß Zwang angewendet werden?

Speziell bei der Behandlung des Machtproblems sieht man, daß für die Theorie der Wirtschaftspolitik zum Teil die gleichen großen Fragen bedeutsam werden, wie für die *Staats-* und *Demokratietheorie*. Tatsächlich ist Wirtschaftspolitik weit mehr als die Beantwortung einzelner konjunktur- und allokationspolitischer Probleme. Die Funktion von *gesellschaftlichen Institutionen* und *Normen* muß in die Analyse miteinbezogen werden. In der Theorie der Wirtschaftspolitik wird nicht nur die Erreichung des Zieles *Wohlstand*, sondern auch der Ziele *Freiheit* und *Gerechtigkeit* analysiert. Die Fragen, die sich in der wirtschaftlichen Sphäre stellen, werden allerdings vorrangig behandelt.

1.2 Mechanismen

Zur Lösung der fünf oben genannten Probleme müssen Entscheidungen gefällt werden. Diese gesellschaftlichen und wirtschaftlichen Entscheidungen können durch den Markt, per Anordnung, per Abstimmung oder durch Verhandlung gelöst werden.

1.2.1 Markt

Auf dem **Markt** treten die Individuen in *freiwilligen Tauschverkehr.* Güter werden von einer bestimmten Gruppe von Individuen angeboten und von einer anderen Gruppe nachgefragt. Das Verhältnis von **Angebot** und **Nachfrage** bestimmt den *relativen Knappheitsgrad* von Gütern. Je knapper ein Gut ist, desto höher wird sein Preis sein. Relative Knappheit hat nicht unbedingt etwas mit der absoluten Nützlichkeit eines Gutes zu tun. Wasser ist zum Beispiel normalerweise sehr nützlich, aber nicht knapp. Deswegen ist der Preis für Wasser niedrig. Diamanten sind nicht besonders nützlich, aber sehr knapp und haben deswegen einen sehr hohen Preis.

Die nachfolgende Abbildung beschreibt den Prozeß der Marktpreisbildung.

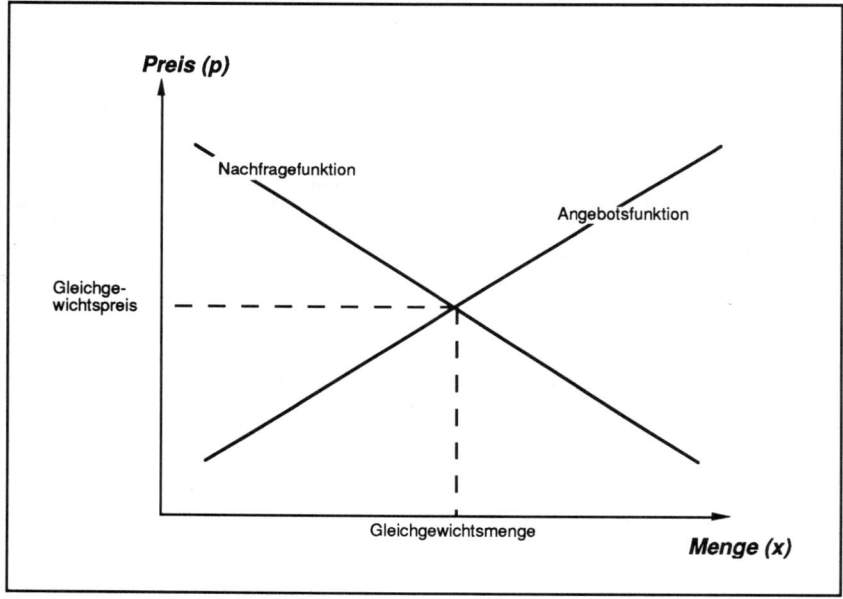

Einerseits wird umso weniger wird von einem Gut nachgefragt werden (x, häufig wird auch der Buchstabe q "quantity" verwendet), je höher ein Preis (p) ist, weil ein Wirtschaftssubjekt auf immer mehr Einheiten der anderen Güter verzichten müßte. Die **Opportunitätskosten** (Alternativkosten) dieses Gutes werden zu hoch .[1] Andererseits

---

[1] Der Begriff Opportunitätskosten ist einer der wichtigsten Begriffe in der ökonomischen Theorie. Er bezieht sich nicht auf die direkten Kosten eines Gutes (oder einer Handlung), sondern auf eine

können immer mehr Unternehmer ein Gut anbieten, wenn der Preis des Gutes steigt. Bei einem geringen Preis bieten nur die kostengünstigsten Unternehmer ein Gut an. Steigt der Preis, drängen auch weniger kostengünstige Anbieter (sogenannte **Grenz-** oder **Marginalbieter**) auf den Markt. Der Zusammenhang von Preis und Angebotsmenge ist die **gesamtwirtschaftliche Angebotskurve** (Angebotsfunktion, eine ausführliche Herleitung befindet sich im Titel **Mikroökonomik** (Kap. 3.4), der ebenfalls in dieser Reihe erschienen ist). Die Relation von Preis und Nachfrage wird als **gesamtwirtschaftliche Nachfragekurve** (Nachfragefunktion) bezeichnet (vgl. **Mikroökonomik**, Kap. 2.3-2.5).

Bei einem gewissen Preis, dem **Gleichgewichtspreis**, werden sich Angebot und Nachfrage gerade ausgleichen, so daß der Markt geräumt ist. Um dieses zu zeigen, stelle man sich vor, daß die Anbieter einen Preis fordern, der höher als der Gleichgewichtspreis ist. Wenn man von diesem gedachten Preis eine waagerechte Linie zu der Angebots- und Nachfragekurve zieht, sieht man, daß bei diesem Preis weniger nachgefragt und mehr angeboten wird, als beim Gleichgewichtspreis. Der Abstand zwischen beiden Kurven ist das Überangebot an Waren bei diesem zu hohen Preis. Kein Unternehmer bleibt gerne auf seinen Waren sitzen. Es setzt ein Unterbietungsprozeß ein, der erst dann zum Stillstand kommt, wenn der Gleichgewichtspreis erreicht worden ist.

Der Gleichgewichtspreis ist oft, aber bei weitem nicht immer identisch mit dem Marktpreis. Wenn sich die Gleichgewichtspreise in den Marktpreisen widerspiegeln sollen, müssen einige Bedingungen erfüllt sein: *1. Abwesenheit von Marktmacht, 2. vollkommene Markttransparenz* (die Teilnehmer müssen über die Marktbedingungen informiert sein), *3. das Vorhandensein homogener Güter, 4. die Abwesenheit von sachlichen, räumlichen oder persönlichen Präferenzen, 5. viele Anbieter und Nachfrager* (**atomistischer Markt**) und *5. eine unendlich hohe Anpassungsgeschwindigkeit der Preise* (vgl. **Mikroökonomik**, Kap. 4.1). In einem solchen idealen Markt offenbart jeder Marktteilnehmer seine tatsächlichen Präferenzen, und zwar unabhängig davon, was die anderen Marktteilnehmer machen. Weil alle über die Preise und Bedingungen des Marktes informiert sind und sich die Preise unendlich schnell anpassen, wird nur zum richtigen Preis getauscht. Eine *"unsichtbare Hand"* (in der Formulierung von ADAM SMITH) oder ein allwissender *"unsichtbarer Auktionator"* (in der Formulierung von LEON WALRAS) lenken den gesamten Prozeß, so daß sich auf dem Markt eine *"spontane Ordnung"* (FRIEDRICH AUGUST VON HAYEK) ergibt (vgl. **Mikroökonomik**, Kap. 4.2). Der Marktmechanismus funktioniert oft auch, wenn einige dieser Bedingungen nur unvollkommen erfüllt sind.

Die Marktpreisbildung und Markträumung geschieht aufgrund *freiwilliger Transaktionen* der Individuen. Markträumung bedeutet aber nicht, daß die Bedürfnisse aller Individuen befriedigt sind. So kann eine Gruppe von Individuen zu einem geringeren als dem Markträumungspreis nachgefragt haben, aber nicht zum Zuge gekommen sein. Der Marktmechanismus garantiert aber, daß diejenigen Transaktionen, welche stattfinden, freiwillig stattfinden.

Wahlentscheidung: Wenn sich ein Wirtschaftssubjekt für den Kauf eines bestimmten Gutes entscheidet, muß es auf andere Güter verzichten. Insofern entstehen dem Wirtschaftssubjekt (dem Nachfrager) Kosten.

1.2.2 Hierarchie (bzw. Bürokratie)

Eine zweite Möglichkeit, Entscheidungen über die Produktion und Verteilung von Gütern zu treffen, ist das *Prinzip Befehl und Gehorsam*. Eine *Bürokratie* ist *hierarchisch* aufgebaut. Die Person oder das Gremium an der Spitze (eine zentrale Planbehörde) werden von den nachgeordneten Instanzen mit Informationen beliefert, anhand derer sie einen *Plan* erstellen. Im Extremfall wird die gesamte Volkswirtschaft von der zentralen Planbehörde gesteuert. Dann gibt die Planbehörde alle Anweisungen; freies Handeln der Individuen ist ausgeschlossen. (Ebenso, wie es sein kann, daß der Markt nicht alle Wünsche der Individuen erfüllt, kann es natürlich auch beim System der zentralen Planwirtschaft vorkommen, daß individuelle Wünsche erfüllt werden. Insgesamt aber steht beim Markt eindeutig das Element der Freiwilligkeit im Vordergrund, während es bei der Hierarchie das Element des Zwanges ist.)

Markt und Plan haben beide ihre Funktion im Wirtschaftsleben. RONALD COASE hat darauf hingewiesen, daß auch in einem Unternehmen geplant wird und dort hierarchische Strukturen existieren. Ein Unternehmer wird z.B. nicht jeden Tag zu einer Arbeitsplatzbörse gehen und dort mit den Arbeitern Verträge für den jeweiligen Tag gemäß des Prinzips von Angebot und Nachfrage abschließen. Dieser Vorgang würde zuviel Zeit und Kosten beanspruchen. Es kostet also etwas, den Marktmechanismus zu benutzen. Meistens ist eine Mischung zwischen Marktmechanismus und Hierarchie sinnvoller.[1]

1.2.3 Demokratie (Wahlen)

Ein wichtiges Element der politischen Entscheidungsbildung sind - zumindest in der *Demokratie* - die *Wahlen*. Diese können als *Mehrheitswahl, Verhältniswahl, Punktwahl* oder anderweitig ausgeführt werden.[2] Es läßt sich zeigen, daß der Wahlprozeß nicht für alle Probleme funktionieren kann und daß die direkte und alles umfassende Demokratie nicht praktikabel ist. So würde ein Konzern, in dem die Mitarbeiter bei allen großen und kleinen Produktionsentscheidungen zu wählen hätten, sehr bald seine Produktion einstellen müssen. Hier wären die Mitarbeiter mit den Anforderungen der Wahlen völlig ausgelastet und kämen nicht mehr zum Arbeiten. Wahlen werden in der Regel bei Grundsatzentscheidungen besonders wichtig. Dort sind sie der beste Garant für die Aufrechterhaltung von Demokratie und Freiheit.[3]

---

[1] Ronald Coase: "The Nature of the Firm", <u>Economica</u> (1937). In den letzten Jahren ist das einfache Schema von Coase erheblich erweitert worden. Vgl. Oliver E. Williamson: <u>The Economic Institutions of Capitalism: Firms, Markets, Relational Constructing</u>. (1985)

[2] Einen Überblick gibt Bruno S. Frey: <u>Theorie demokratischer Wirtschaftspolitik</u>. (München: Verlag Vahlen 1981)

[3] Friedrich August von Hayek weist allerdings zu Recht darauf hin, daß mehr Demokratie nicht unbedingt mehr Freiheit bedeutet. Wenn der Bereich, der durch Wahlen entschieden wird, den *größten Teil der gesellschaftlichen Sphäre* umfaßt, ist die Minderheit der Mehrheit praktisch schutzlos ausgeliefert. Wenn hingegen Freiräume bestehen, die nicht durch die Wahl geregelt wer-

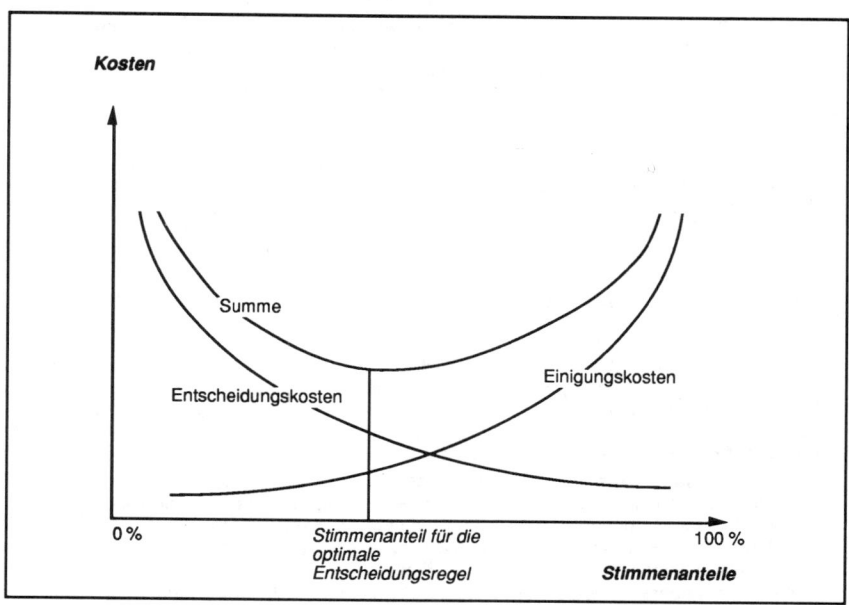

BUCHANAN und TULLOCK haben ein Kalkül für die gesellschaftlich optimale Verfassungsregel entwickelt. Eine **Verfassungsregel** bestimmt, welcher Anteil der Bevölkerung zustimmen muß, bevor eine Entscheidung getroffen werden kann.

Auf der Ordinate sind die Kosten einer Entscheidungsregel abgetragen. Auf der Abszisse sind die Stimmenanteile abgetragen, die notwendig sind, um eine Entscheidung durchzusetzen. Bei einem Anteil von z.B. 10 % können 10 % der Stimmbürger in einem bestimmten Moment entscheiden, was die Allgemeinheit unternehmen soll. Im nächsten Moment könnte theoretisch eine andere Gruppe, die mindestens 10 % der Stimmen auf sich vereinigt, eine andere Entscheidung durchsetzen. Je kleiner die benötigte Mehrheit ist, desto größer sind die Entscheidungskosten. Diese werden einem Individuum aufgebürdet, das unter Umständen gegen seine Präferenz zu Handlungen gezwungen wird. Die Entscheidungskosten sind am höchsten, wenn im Extremfall eine einzige Stimme ausreicht, um etwas durchzusetzen, was die anderen Individuen möglicherweise nicht wollen. Sie müßten aber bei einer Ein-Stimmen-Regel diese Entscheidung dennoch akzeptieren. Die Entscheidungskosten fallen weg, wenn Einstimmigkeit erforderlich ist. Dann kann keinem Individuum etwas gegen seinen Willen aufgezwungen werden. In diesem Fall wachsen aber die Einigungskosten sehr stark an. Es dürfte oft unmöglich sein, alle Individuen von der Zweckmäßigkeit einer Entscheidung zu überzeugen. Zusätzlich haben die letzten zu überzeugenden

den (z.B. eine verfassungsmäßig garantierte Eigentumsordnung), hat auch die Minderheit Möglichkeiten, sich im Rahmen dieser Freiräume zu entfalten.

Individuen einen Anreiz, sich strategisch zu verhalten: Wenn sie sich nur schwer überreden lassen, haben sie eine im Verhältnis zur Mehrheit zu großes Gewicht. Diese Gewicht können sie nutzen, um spezielle Konzessionen auszuhandeln. Deswegen wird die optimale Entscheidungsregel (dargestellt durch das Minimum der Summe von Entscheidungskosten und Einigungskosten) irgendwo zwischen den Extremfällen Einstimmigkeit und einer benötigten Stimme liegen.[1]

Die Analyse von BUCHANAN und TULLOCK ist intuitiv klar - weder Diktatur noch Basisdemokratie sind optimale Entscheidungsverfahren. Im ersten Fall werden die Individuen in Unfreiheit belassen, im zweiten Fall sind die Entscheidungsprozesse in komplexen Fällen zu ineffizient.

1.2.4 Verhandlungen (Oligopole, Verbände und Gruppen)

Strategisches Verhalten ist in vielen Fällen bei ökonomischen und politischen Entscheidungen eine maßgebliche Komponente. Damit der Marktmechanismus richtig funktionieren kann, müssen unter anderem unendlich viele Anbieter und Nachfrager miteinander in Konkurrenz treten. Nur wenn der einzelne über einen sehr kleinen Teil der Waren auf dem Markt verfügen kann, ist es ausgeschlossen, daß er Marktmacht besitzt und diese Marktmacht ausnutzen kann.[2] Dasselbe gilt im übertragenen Sinne auch für Wahlentscheidungen. Sollte der Preis auf einem Markt oder der Ausgang einer Wahl von Individuen oder Gruppen aktiv beeinflußt werden können, werden sich Preisbildung oder Offenbarung von Präferenzen bei einer Wahl nicht mehr automatisch ergeben. Der einzelne kann Preisrelationen oder Abstimmungsergebnisse zu seinem eigenen Vorteil und zum Nachteil der anderen Akteure beeinflussen. Bei mehreren Akteuren, welche die Möglichkeit zu strategischem Verhalten besitzen, sind meistens die Ergebnisse dieses Prozesses unbestimmt. Die Aktionen der anderen sind nicht mit Sicherheit vorauszusehen; die eigenen Strategien hängen aber von den Strategien der anderen ab. Entscheidungen werden *interdependent* gefällt und nicht wie bei vollkommener Konkurrenz oder im Idealfall einer Wahl unabhängig von den Entscheidungen der anderen.[3] Im täglichen Wirtschaftsleben gibt es

---

[1] James Buchanan und Gordon Tullock: The Calculus of Consent, (Michigan: The University of Michigan Press 1967)

[2] Wie sich Marktmacht ausnutzen läßt, um überhöhte Preise zu erzielen, kann in **Mikroökonomik** (Kap. 4) nachgelesen werden.

[3] Die Princeton-Professoren John von Neumann und Oskar Morgenstern haben in ihrem bahnbrechenden Buch The Theory of Games and Economic Behavior (Princeton 1944) die These aufgestellt, daß die herkömmliche Mathematik wenig zur Beschreibung ökonomischer Situationen tauge. Der ökonomische Prozess lasse sich aufgrund der vielen strategischen Entscheidungen, die gefällt werden, nur als diskontinuierlicher Vorgang verstehen. Die mathematische Ökonomie vor von Neumann arbeitete hauptsächlich mit stetigen Funktionen sowie Grenzwertbetrachtungen und darauf aufgebauten Optimierungskalkülen. Das heißt, daß alle Kombinationen von Gütern als prinzipiell realisierbar betrachet wurden. Die von Neumann und Morgenstern begründete Spieltheorie geht hingegen von diskontinuierlichen Prozessen aus. Eine wichtige Annahme dabei ist, daß sich Akteure nur für bestimmte Kombinationen von zwei Gütern, A und B, entscheiden können. Wenn ein Unternehmer zum Beispiel auf ein neues Produktionsverfahren umstellt, macht es keinen Sinn, nur die Hälfte der notwendigen Maschinen zu kaufen. Dadurch, daß Entscheidungen "sprunghaft" erfolgen, haben sie direkte Auswirkungen auf das Verhalten der anderen Wirtschaftssubjekte. Entscheidungen erfolgen

viele Beispiele für die Entscheidungsfindung durch Verhandlung: Die Gewerkschaften und die Arbeitgeber handeln Tarifverträge aus. Politische Interessengruppen treffen Abmachungen mit anderen Interessengruppen, um sich durch Stimmentausch (*logrolling*) im Parlament durchsetzen zu können. In einem oligopolistischen Markt treten die Anbieter oft in Verbindung miteinander, um Preisstrukturen oder Marktanteile festzulegen.

Die enge Verbindung von wirtschaftlichen und politischen Problemstellungen läßt erkennen, daß eine bestimmte Wirtschaftsform zu einem großen Teil von einer bestimmten Staatsform abhängig ist. Bezeichnenderweise ist gerade in den USA, dem Geburtsland der modernen mathematischen Ökonomie, die Analyse des politischen Rahmens der Wirtschaftspolitik vernachlässigt worden. In den USA, die auf eine lange und stabile Tradition der freien Wirtschaft und der Demokratie zurückblicken können, werden gesellschaftliche Organisationsformen allzu oft als gegebene Parameter angesehen. Der Analytiker der Wirtschaftspolitik wendet sich der mathematischen Optimierung von gegebenen Ziel-Mittel-Relationen zu, ohne zu beachten, daß diese Ziel-Mittel-Relationen nur in einem ganz bestimmten Umfeld existieren können: Die Analyse der grundlegenden politischen Entscheidungen wird vernachlässigt. Es entsteht das, was BRUNO FREY die *"technokratisch-elitäre Schule der Wirtschaftspolitik"* nennt.

Interdependent. (In der herkömmlichen Theorie waren solche Rückwirkungen ausgeschlossen, weil Entscheidungen durch unendlich kleine, **marginale**, Preis- und Mengenänderungen erfolgten. Rückwirkungen erfolgten nur über die Herstellung eines **Allgemeinen Gleichgewichts**.) Die Interdependenz der Entscheidungen wird für beide Ökonomen zum zentralen Kriterium der Theorie. Das Originalwerk ist hochmathematisch. Ein guter Überblick findet sich in der Aufsatzsammlung <u>Spieltheorie und Wirtschaftswissenschaft</u> von Oskar Morgenstern. (Wien/München: Oldenbourg 1963)

2 Zur Grundstruktur wirtschaftspolitischer Probleme

2.1 Zielrichtungen der Theorie

Die Theorie der Wirtschaftspolitik weist drei Zielrichtungen auf:

1. Wenn analysiert wird, wie eine Gesellschaft organisiert sein sollte oder welche Ziele sich die Individuen dieser Gesellschaft setzen sollten, ist die Theorie **normativ**. Die meisten Theorien, auch wenn sich sich rein analytisch gebärden, beruhen auf gewissen Wertvorstellungen (HABERMAS nannte dies das *"erkenntnisleitende Interesse"*). Ein solches Interesse ist vollkommen legitim und notwendig, um die Realität zu strukturieren, es ist aber ein Gebot der wissenschaftlichen Redlichkeit, die normativen Prämissen auszusprechen.

2. Eine Theorie ist **analytisch**, wenn der Ablauf des Wirtschaftsprozesses und die Auswirkungen bestimmter Parameter erklärt werden sollen. Die analytische Theorie kann entweder deduktiv oder induktiv vorgehen. Bei der deduktiven Vorgehensweise werden unter gewissen Prämissen Modelle entwickelt, wie sich eine Volkswirtschaft oder ein Teilbereich einer solchen Wirtschaft verhalten könnte. Bei der induktiven Vorgehensweise werden reale Prozesse betrachtet und es wird versucht - vom empirischen Material ausgehend - auf eine bestimmte theoretische Struktur zu schließen.

3. Im Rahmen der **Theorie der angewandten Wirtschaftspolitik** wird versucht, die Ergebnisse der normativen oder analytischen Forschungen zur Lösung von aktuellen wirtschaftspolitischen Problemen zu verwenden. Die angewandte Forschung ist mehr als ein Einsetzen von Parameterwerten in die von der theoretischen Forschung entwickelten Modelle. Es ergeben sich spezielle Probleme, die der Forschung zur angewandten Wirtschaftspolitik ihre Berechtigung geben.

Das folgende Beispiel zeigt, wie sich die verschiedenen Fragestellungen bei einem Problem ergänzen. Zunächst werden die Konsequenzen der *analytischen Theorie* behandelt.

Nehmen wir an, eine Wirtschaft besteht nur aus zwei Sektoren, dem Agrarsektor und dem Industriesektor. In beiden Sektoren wird Kapital und Arbeit verwendet, um die entsprechenden Güter zu produzieren: Der Agrarsektor produziert Lebensmittel und der Industriesektor produziert alle anderen benötigten Güter. Die Produktions- und Distributionstheorie liefert uns das Ergebnis, daß unter vollkommenen Marktbedingungen Arbeit und Kapital mit ihrem Grenzprodukt entlohnt werden. Das **Grenzprodukt** ist der zusätzliche Ertrag der letzten eingesetzten Einheit eines Produktionsfaktors (vgl. **Mikroökonomik**, Kap. 3.4.2). Die Preise für beide Produktionsfaktoren (Arbeit und Kapital) sind in beiden Sektoren identisch. Wäre dies nicht der Fall, z.B. wenn Arbeit in der

Industrie besser bezahlt würde, würden Arbeiter aus der Landwirtschaft in die Industrie abwandern. Dieser Prozeß würde sich solange fortsetzen, bis das Grenzprodukt in beiden Verwendungen wieder ausgeglichen wäre.[1]

In der Zwei-Sektoren-Wirtschaft ist nur der Unternehmenssektor monopolisiert. Das heißt, daß der Monopolunternehmer weniger produzieren wird, um höhere Preise fordern zu können (vgl. **Mikroökonomik**, Kap. 4.3). Durch Verwendung einer suboptimalen Menge an Arbeit oder Kapital entsteht ein Monopolgewinn. Dieser Gewinn kann sowohl dem Produktionsfaktor Kapital als auch dem Produktionsfaktor Arbeit im Unternehmenssektor zugutekommen. Im ersten Fall besteht ein klassisches Monopol, im zweiten Fall ein Monopol in Form einer sektoralen Gewerkschaft. (Auch Gewerkschaften können Monopole sein.)[2]

Nehmen wir an, beide Produktionsfaktoren im Industriesektor profitieren von den Monopolgewinnen. Das heißt, in der Landwirtschaft erwirtschaften sowohl Kapital als auch Arbeit ein geringeres Grenzprodukt als in der Industrie. Damit ist die Bedingung für das *Produktionsoptimum* verletzt. Die Bedingung für das Produktionsoptimum besagt, daß alle Faktoren in jeder Verwendung das gleiche Grenzprodukt erwirtschaften müssen, wenn ein Optimum erreicht werden soll (vgl. **Mikroökonomik**, Abschnitt 4.2.3.2). Dies ist leicht einsichtig: Wenn ein Faktor mit seiner Grenzproduktivität entlohnt wird, werden Faktoren solange aus einer Verwendung mit niedrigerer Produktivität in eine Verwendung mit höherer Produktivität abwandern, bis ein Gleichgewicht hergestellt ist.

Beide Faktoren können aber in unserem Beispiel nicht aus der Landwirtschaft abwandern, weil definitionsgemäß der Industriesektor monopolisiert ist und die Produktion absichtlich eingeschränkt hat. Damit ergibt sich eine Produktionsmenge an Industriegütern, die unter dem gesellschaftlich wünschenswerten Optimum liegt.

Hier besteht ein Problem für die *angewandte Wirtschaftspolitik*, die im folgenden Abschnitt behandelt wird. "First-Best"-Lösungen sind optimale Lösungen wirtschaftspolitischer Probleme, die ein Politiker dann treffen anstreben könnte, wenn er alle Faktoren beeinflussen kann. Demgegenüber muß eine "**Second-Best**"-Lösung mit den in der Realität gegebenen Einschränkungen rechnen. Eine "First-Best"-Lösung wäre gegeben, wenn der Industriesektor entmonopolisiert würde. Sollte diese aus politischen oder sonstigen Gründen nicht möglich sein, ist es sehr schwierig für einen wirtschaftspolitischen Ratgeber, weitere Empfehlungen zu geben. Er weiß, daß die Bedingungen für ein Optimum verletzt sind. Soll er aber deswegen empfehlen, den Landwirtschaftssektor weiterhin als vollkommenen Markt oder Polypol bestehen zu lassen? Dann existiert keine Möglichkeit, das Produktionsoptimum zu erreichen. Oder soll er empfehlen, den Landwirtschaftssektor ebenfalls zu monopolisieren? Dann kann Arbeitslosigkeit entstehen, wenn beide Sektoren ihre Produktion einschränken und der Landwirtschaftssektor auch nicht mehr alle Produktionsfaktoren absorbieren kann, weil auch hier der Marktmechanismus außer Kraft

---

[1]Eine Bedingung für diese Schlußfolgerung ist eine gesamtwirtschaftliche Produktionsfunktion mit abnehmender Steigung. Das heißt, daß die erste eingesetzte Einheit von Arbeit in einer Produktionsanlage ein größeres Produkt erbringt als die zehnte und diese mehr als die hundertste Einheit. Diese Annahme ist plausibel: bei konstantem Kapitalstock kann zusätzliches Arbeitspotential immer weniger nützen, weil sich die einzelnen Arbeitskräfte zunehmend selber behindern.

[2] In der Regel werden die Monopolgewinne wohl zwischen beiden Produktionsfaktoren aufgeteilt werden. Ein Monopolunternehmer ist in der Lage, bessere Löhne zu zahlen und will sich damit Loyalität und Arbeitszufriedenheit seiner Beschäftigten sichern.

gesetzt wurde. Diese Arbeitslosigkeit nützt weder den Landwirten noch den Unternehmern, weil Kaufkraft vernichtet wird. Der Ratgeber kann aber auch hoffen, daß der Monopolanbieter erkennt, daß hier ein **Nullsummenspiel** vorliegt. Er hofft, daß der Monopolanbieter seine Produktion wieder ausdehnt, wenn sich ein Gegenmonopol bildet. Dann wäre gesamtwirtschaftlich ein Gewinn erwirtschaftet worden, solange sich der Landwirtschaftssektor darauf beschränkt, seine Produktion bis zu einem gewissen Maße einzuschränken. Damit wäre eine "second-best"-Lösung erreicht worden. Die Lösung ist vielleicht besser, als wenn sich der wirtschaftspolitische Berater darauf beschränkt hätte, für den Landwirtschaftssektor die Struktur des vollkommenen Marktes zu empfehlen, während im Industriesektor ein Monopol besteht.

Bei den Problemen der angewandten Wirtschaftspolitik fließen auch empirische Fragen und Fragen der Theorie ein. Wie stark soll der Landwirtschaftssektor seine Produktion einschränken? Oder ist es vielleicht doch besser, alle Energien darauf zu konzentrieren, das Industriemonopol abzuschaffen, selbst wenn dies in der nahen und mittelfristigen Zukunft unwahrscheinlich erscheint? Viele Fragen sind offen geblieben. Das hat bis jetzt garantiert, daß Wirtschaftspolitik trotz erheblicher intellektueller Investitionen in die Theoriebildung ein Feld der hitzig geführten Debatten geblieben ist.

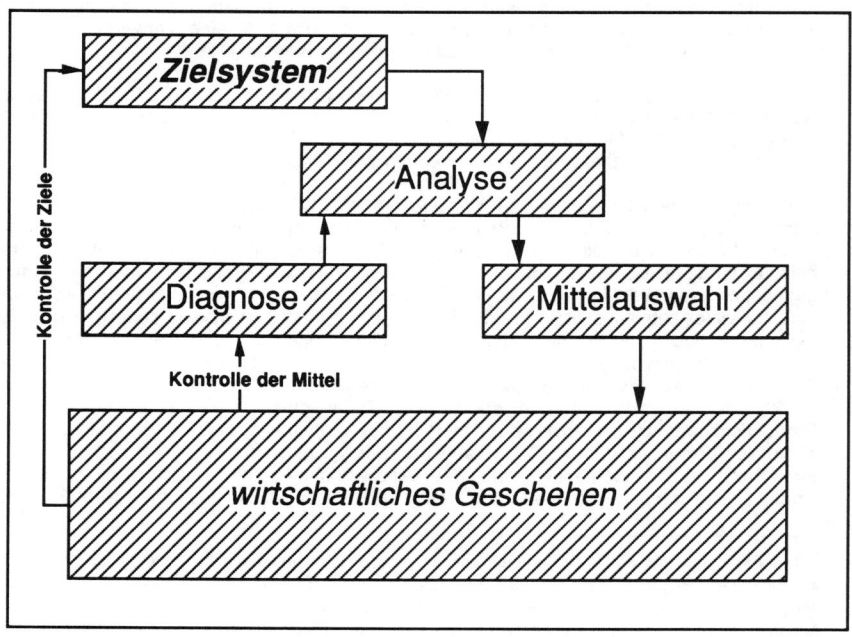

2.2 Spielarten der Wirtschaftspolitik

JAN TINBERGEN hat drei Intensitätsgrade der Wirtschaftspolitik unterschieden: Reformen, qualitative Politik und quantitative Politik.[1] **Reformen** sind für TINBERGEN *"Veränderungen von grundlegenden Merkmalen der gesellschaftlichen Organisation, die immaterielle Aspekte und sonstige wichtige Beziehungen zwischen den Individuen betreffen."*[2] Beispiele für Reformen nach TINBERGEN sind: die Einführung oder Abschaffung einer Wirtschaftsdemokratie, Geldreformen, Zentralisation oder Dezentralisation von Produktionsentscheidungen, Umverteilung von Einkommen und Vermögen, Verstaatlichung oder Privatisierung sowie die Einführung bzw. Abschaffung von Sozialversicherungssystemen. TINBERGEN behauptet, daß noch wenig über die Wirkung von Reformen bekannt ist. Dies ist in dieser Form nicht zutreffend: Zwar lassen sich die Wirkungen oft nicht in ökonometrischen Modellen fassen, weil sie auf die gesamte Gesellschaftsstruktur Einfluß nehmen, aber die Veränderung einer Eigentumsordnung und ihre Auswirkungen auf die Arbeitswilligkeit einer Bevölkerung z.b. lassen sich recht gut abschätzen.

Weniger umwälzend ist die **qualitative Politik.** *"Qualitative Politik besteht in der Änderung der weniger grundlegenden Elemente der gesellschaftlichen Organisation, die weder immaterielle Aspekte noch sonstige wichtige Beziehungen zwischen den Individuen berühren."*[3] Beispiele sind mengenmäßige Beschränkungen (Rationierungen), Änderung von Preisbildungs- und Besteuerungsverfahren, Dezentralisation vs. Zentralisation in der Verwaltung sowie eingebaute Stabilisatoren. Der Übergang zwischen Reformen und qualitativer Politik ist fließend. Während z.B. eine Reduzierung der Einkommensteuer eher in den Bereich der qualitativen Politik gehört, könnte eine Reduzierung auf den Satz von 0% eine echte Reform darstellen.

Quantitative Politik hingegen beschränkt sich auf die kurzfristige Veränderung einzelner Parameter des ökonomischen Prozesses, z.B. der Zinssätze. Derartige Eingriffe sind leicht rückgängig zu machen. Es sollen mit Hilfe von Instrumentalvariablen Zielvariable beeinflußt werden. Im Falle der quantitativen Politik müssen ökonomische Modelle vorliegen, welche die Präskription zum Einsatz wirtschaftspolitischer Instrumente geben. Quantitative Politik ist in der Regel technokratisch orientiert.[4]

Bei fast jeder wirtschaftspolitischen Fragestellung werden wir mit vier Problemen konfrontiert: dem Ziel-, Lage-, Mittel- und Kontrollproblem.

Zielproblem: Politik verfolgt ein oder mehrere Ziele, ebenso die Wirtschaftspolitik. Diese Ziele können auf einer hohen Ebene angesiedelt sein (*Finalziele*), wie z.B. Glück, Freiheit und Wohlstand. Es existieren aber auch *instrumentale Ziele* wie z.B. Wirtschaftswachstum und Stabilität des Geldwertes. Die Erreichung eines Zieles kann für die Erreichung eines anderen Zieles hinderlich (**antinome Zielbeziehung**), förderlich

---

[1] Jan Tinbergen: Wirtschaftspolitik. (Freiburg im Breisgau: Verlag Rombach, 1968), S. 22-34

[2] Tinbergen, a.a.O., S. 32

[3] Tinbergen, a.a.O., S. 29

[4] vgl. Frey, a.a.O. S. 257 ff.

(**komplementäre Zielbeziehung**) oder gleichgültig (**indifferente Zielbeziehung**) sein. Ein Zielsystem läßt sich normativ und analytisch bewerten: Wer setzt die Ziele? Welche Ziele sollen vernünftigerweise gesetzt werden? Wie lassen sich die verschiedenen Ziele der Wirtschaftssubjekte miteinander vereinbaren? Zielbeziehungen sind eine Aufgabe der analytischen Theorie. Existieren Widersprüche zwischen den Zielen? Sind die gesetzten Ziele überhaupt erreichbar? Die **Wohlfahrtsökonomik** untersucht, wie das sozialökonomische Optimum zu erreichen und analysiert die Bedingungen des Wohlfahrtsoptimums.[1]

Das **Lageproblem** schließt vor allem eine Diagnose des Ist-Zustandes und eine Prognose der zukünftigen Entwicklung ein. Hierzu müssen Modellannahmen und Annahmen über das Verhalten von Individuen und wirtschaftlichen Aggregaten gemacht werden.

Mittelproblem: Wenn der Ist-Zustand vom gewünschten Soll abweicht, muß der Einsatz wirtschaftspolitischer Instrumente erwogen werden. Die hierzu notwendige Entscheidung kann sehr komplex sein - wenige wirtschaftspolitische Instrumente wirken nur auf eine Zielvariable. So kann z.B. eine lockere Geldpolitik das Wirtschaftswachstum temporär beschleunigen, gleichzeitig aber die Inflation anheizen. Die wirtschaftspolitischen Entscheidungsträger sind also regelmäßig dazu gezwungen, verschiedene Instrumente einzusetzen, um verschiedene Zielvariablen zu beeinflussen. Dabei sollte der Einsatz der wirtschaftspolitischen Instrumente nach Möglichkeit in der Art und Weise erfolgen, daß jedes Instrument auf die Zielvariable einwirkt, bei der es einen komparativen Vorteil gegenüber den anderen Instrumenten hat. So kann man sich z.B. vorstellen, daß die Geldpolitik am besten zur Inflationsbekämpfung eingesetzt wird (vgl. **Geldpolitik**, Kap. 4.4), während die Strukturpolitik zur Förderung des Wirtschaftswachstums beitragen soll.

Ist das Mittelproblem gelöst, stellt sich das **Kontrollproblem**. Wirtschaftspolitik ist in der Regel ein offener und komplexer Prozeß, so daß es notwendig wird, die Wirksamkeit der Wirtschaftspolitik zu kontrollieren. Da sich die Rahmenbedingungen des laufenden ökonomischen Prozesses ständig verändern, muß ggf. auch die Wirtschaftspolitik angepaßt werden.

---

[1] Bernhard Külp und Eckhard Knappe: Wohlfahrtsökonomik I: Die Wohlfahrtskriterien. (Düsseldorf: Werner Verlag 1984). vgl. auch Mikroökonomik, Kap. 4.2.3.

3 Konzeptionen

In der Literatur wird die Abhängigkeit ökonomischer Forschung von normativen Grundpositionen nur wenig herausgearbeitet. Aber gerade in der Wirtschaftspolitik haben auch nach Jahrzehnten empirischer Forschung noch die unterschiedlichsten Ansätze Bestand. Zwei Kontroversen bestimmen die Diskussion: 1. Ein Streit über die richtige Ausrichtung der Theorie der Wirtschaftspolitik in Hinblick auf den methodologischen Individualismus und die Analyse ganzheitlicher (z.B. historischer) Vorgänge und 2. der Gegensatz zwischen technokratisch-elitären und laissez-faire-Ansätzen.

Der **methodologische Individualismus** versucht, den Wirtschaftsprozeß einzig und allein durch die Bedürfnisstruktur, Entscheidungen und Handlungen des Individuums zu erklären. Auch staatliches Handeln wird lediglich als Summe der Einzelmotive aufgefaßt. Staatliches Handeln besitzt somit keine andere Qualität als das Handeln von Personen und Unternehmen. Der methodologische Individualismus geht auf die liberalen englischen Denker zurück, wird aber erst später als wissenschaftstheoretische Grundposition konkret ausformuliert: "*Unsere Wissenschaft befaßt sich zunächst mit dem Einzelnen und seinem Handeln (...) und bleibt sich auch in der Lehre von den gesellschaftlichen Gebilden der Grundlage ihrer Erkenntnisse, d.i. dem Begreifen des Handelns einzelner Menschen, bewußt (...) Es fällt uns nicht ein, zu bestreiten, daß es gesellschaftliche Gebilde - eben die Kollektiva, die Gesamtheiten und Ganzheiten, von denen der Universalismus, Kollektivismus und Begriffsrealismus sprechen - gibt; wir betrachten es vielmehr als eine unserer vornehmsten Aufgaben, zu deren Erkenntnis zu gelangen. Was wir bestreiten, ist nur das, daß wir unseren Ausgangspunkt von intuitiver Schau solcher Gesamtheiten nehmen dürfen.*"[1]

Demgegenüber ist die **Analyse ökonomischer Gesamtheiten** eher eine deutsche Erfindung. Vom Merkantilismus herkommend, haben vor allem FRIEDRICH LIST und später KARL MARX behauptet, daß die liberale Wirtschaftstheorie in einigen, wenn nicht allen Fällen falsch sei. LIST schreibt in seinem Buch "Das nationale System der politischen Ökonomie": "*Die politische Ökonomie muß in Beziehung auf den internationalen Handel ihre Lehren aus der Erfahrung schöpfen, ihre Maßregeln für die (...) eigentümlichen Zustände jeder besonderen Nation berechnen, ohne dabei die Forderungen der Zukunft und der gesamten Menschheit zu verkennen (...) Die herrschende Theorie dagegen, wie sie von Quesnay geträumt und von Adam Smith ausgebildet worden, faßt ausschließlich die kosmopolitischen Forderungen der Zukunft, ja sogar der entferntesten Zukunft ins Auge. Die Universalunion und die Absolute Freiheit des internationalen Handels, zurzeit bloß eine vielleicht nach Jahrhunderten realisierbare kosmopolitische Idee, betrachtet sie als jetzt schon realisierbar. Die Bedürfnisse der Gegenwart und die Natur der Nationalität verkennend, ignoriert sie sogar die Existenz der Nation und damit das Prinzip der Erziehung der Nation zur Selbständigkeit. Ausschließlich kosmopolitisch, (...) erklärt sie Erfahrung und Praxis für verwerfliche Routine.* "[2]

---

[1] Ludwig von Mises: "Nationalökonomie." (München: Philosophica-Verlag 1980), S. 31 ff.

[2] Friedrich List: Das nationale System der politischen Ökonomie. 4. Auflage (Jena Verlag von Gustav Fischer, 1922) S. 52 ff.

In Deutschland hat die historische Schule (vertreten durch HILDENBRAND, SCHMOLLER, KNIES, SPANN) ihre meisten Anhänger gehabt. Nachdem die historische Schule lange Zeit diskreditiert worden war, haben vor allem in den Vereinigten Staaten einige politische Ökonomen damit begonnen, die institutionellen und historischen Grundlagen einzelner Volkswirtschaften wiederzuentdecken.

Diese Konflikt zwischen den zwei analytischen Grundpositionen des methodologischen Individualismus und der Analyse von Gesamtheiten spiegelt sich im Gegensatz von technokratischer und noninterventionistischer Wirtschaftspolitik wieder. Der **technokratisch-elitäre Ansatz** operiert mit der Vorstellung, die einzelne Variablen der Volkswirtschaft zu berechnen und damit quasi die ökonomische Maschine bedienen zu können. JOHN MAYNARD KEYNES war ein großer Propagator dieser Idee, als er den aktiven Einsatz fiskal- und geldpolitischer Instrumente zur Steuerung von Beschäftigung und Wirtschaftswachstum vorschlug. Eine solche Ansicht geht tendenziell mit einer unkritischen Befürwortung staatlicher Aktivitäten einher. Der technokratisch-elitäre Ansatz kann dazu benutzt werden, eine Ausdehnung der staatlichen Aktivitäten zu legitimieren.

Anhänger des **laissez-faire-Ansatzes** hingegen vertreten die Ansicht, daß es unmöglich sei, die einzelnen Variablen des Wirtschaftsprozesse (ausgedrückt in den Preisen und Mengen einzelner Güter) auszurechnen. Hier habe der Analytiker es   mit Millionen von Einzelentscheidungen zu tun. Lediglich über die prinzipielle Wirkungsweise des Systems sowie unter günstigen Umständen über die tendenzielle Richtung von Preis- und Mengenbewegungen ließen sich Aussagen machen. Daraus folgt, daß Anhänger des laissez-faire-Ansatzes den Versuchen zu einer Steuerung der Wirtschaft skeptisch gegenüberstehen. Sie befürworten einen kleinen staatlichen Sektor. Lediglich in den Bereichen der Wirtschaftspolitik, die TINBERGEN mit "qualitativer Politik" bzw. "Reformen" beschreibt, machen sie Vorschläge.

Im folgenden werden einige der wichtigsten Konzeptionen historisch geordnet dargestellt.[1]

3.1 Anfänge

Seitdem Menschen in Gruppen leben, planen und wirtschaften sie. Dabei haben aber im Laufe der Zeit die Entwicklungsstufen wirtschaftlicher Aktivität auf sehr unterschiedlichen Stufen gestanden. Die hochentwickelte Geldwirtschaft des römischen Reiches und die Subsistenzwirtschaft des Mittelalters, die mit solchen Regeln wie dem biblischen Zinsverbot einherging, unterscheiden sich sehr deutlich. Das römische Reich war eine sehr komplexe Wirtschaftsorganisation mit großagrarischen Betrieben, Städten, Handwerksbetrieben, einem weitverzweigtem Staßennetz und meistens funktionsfähigen Märkten. Mit dem Aufkommen des Christentums (das in der Urgemeinde zunächst "kommunistisch" interpretiert wurde) und der gleichzeitigen Überexpansion des Reiches änderte sich dies.

---

[1] Zur Vertiefung siehe auch Jürg Niehans: A History of Economic Theory - Classic Contributions 1720-1980. (Johns Hopkins University Press: Baltimore/London 1990) und das klassische Werk von Joseph A. Schumpeter: History of Economic Analysis. (New York: Oxford University Press 1954).

Inflation und die Auflösung der Eigentumsordnung leiteten einen Verfall der Wirtschaftskraft ein. Das berühmte Preisedikt des Kaisers DIOKLETIAN (301 n.Chr.) überführte eine
auf freien Märkten basierende Wirtschaftsordnung in eine korporatistisch-geplante
Wirtschaftsordnung.

Im Mittelalter existierten zwei Entwicklungsstufen der Wirtschaft nebeneinander:
zum einen die bäuerliche **Subsistenzwirtschaft**, bei der nahezu alle Güter des Bedarfs
im eigenen Haushalt oder größeren Höfen hergestellt wurden, zum anderen zumindest par-
tiell schon eine **Tausch- und Geldwirtschaft** und eine weitgehende Arbeitsteilung.
Insgesamt konnte die Rechtsordnung aber nicht die Grundlage für eine sich konstant ent-
wickelnde Wirtschaft abgeben. Schon die griechische Philosophie hat sich eingehend mit den
Fragen des Staates und der politischen Ordnung befaßt. So hat zum Beispiel PLATON in seiner
"Politeia" einen perfekt geplanten Staat beschrieben. In diesem Modell absoluter Planung
kann natürlich die wirtschaftliche Sphäre nicht fehlen.

In der Antike hatte es im Zusammenhang mit der weit entwickelten Staatstheorie
auch Ansätze einer Wirtschaftstheorie gegeben. Die Denker des Mittelalters haben sich
ebenfalls mit den Tatsachen des Wirtschaftens befaßt. Im Gegensatz zur Antike wurde aber
die ökonomische Sphäre hauptsächlich als ein Problem der Moralphilosophie - und nicht als
ein praktisches Problem der Politik - betrachtet. Demzufolge fehlen im Mittelalter die
Ansätze einer solchen eigenständigen Wirtschaftstheorie.

3.2 Merkantilismus

Die moderne Wirtschaftstheorie begann sich zuerst im Zeitalter des Absolutismus zu
entwickeln. Im **Absolutismus** versuchten die Königs- und Fürstenhäuser, die sich von
Gottes Gnaden legitimiert sahen, immer weitere Teile des Staates und ihrer Gesellschaft
direkt zu beeinflussen, weil sie sich als Verkörperung dieser Gesellschaft betrachteten
(l' état c'est moi). Noch im dreißigjährigen Krieg waren Söldnerheere üblich, die von den
Fürsten gemietet wurden. Diese Söldnerheere wurden durch stehende Heere abgelöst. Damit
einhergehend mußten das staatliche Steuer- und Abgabensystem und die Verwaltung aus-
gebaut werden. Die ersten Großkapitalisten (z.B. die Medici in Italien oder die Fugger in
Deutschland) hatten mit ihrer Finanzkraft auch die kaiserlichen Heere finanziert. Nun
versuchten die Souveräne, die Heere selber zu bezahlen, um damit ihren absolutistischen
Machtanspruch zu untermauern. Mit der Staatsform Absolutismus ging die Wirtschaftsform
Merkantilismus einher. Die **Kameral- und Staatswissenschaften** entstanden. Zum
ersten Male machte man sich systematisch Gedanken über den Außenhandel sowie die
Funktionen eines Geld- und Steuersystems.

Das Hauptaugenmerk der Merkantilisten war pragmatisch: Wie kann die nationale
Wirtschaftskraft am schnellsten gesteigert werden? Der eigene Staat, und mit ihm der
Fürst, sollten sich rasch wirtschaftlich entwickeln und Vorteile gegenüber den anderen
Nationen erlangen. Die Binnenwirtschaft sollte belebt werden, zum Teil auch durch
Schutzzölle oder staatliche Eingriffe. Die Schrift von P.W. VON HÖRNIGK (1638-1712) ist
charakteristisch: "Österreich über alles, wann es nur will. Das ist: Wohlmeinender
Vorschlag, wie mittels einer wohlbestellten Landesökonomie, die kaiserlichen Erblande in
kurzem über alle anderen Staaten in Europa zu erheben und mehr als einige derselben, von

den anderen independent zu machen." [1] Vorherrschend war eine statische Auffassung von Wirtschaft: Der Kuchen konnte nur aufgeteilt, jedoch nicht vergrößert werden. Damit rückte die Konkurrenz stark in den Mittelpunkt: Der Fürst kann nur zu Lasten seiner Untertanen, der Staat nur zu Lasten anderer Staaten reich werden.

Nicht alle Vertreter des Merkantilismus haben den nationalen Reichtum mit der Größe des nationalen Goldvorrates gleichgesetzt, wie man immer wieder hören kann. Allerdings war dies wohl doch die Mehrheitsmeinung. VON HÖRNIGK schreibt: "Gold und Silber, so einmal in das Land - es sey aus eigenem Bau oder aus der Fremde durch Industrie kommen - ist in keynerley Weiß noch Wege, es sey für was es wolle, wieder hinaus zu vertragen (...)" [2] Die Merkantilisten waren auch keine rigorosen Protektionisten; aber Protektionismus war die vorherrschende Meinung (für eine moderne analytische Behandlung der protektionistischen Handelspolitik vgl. **Außenwirtschaft**, Kap. 2.5). "Fünftens: Die Landsinwohner aus allen Kräfften dahin zu halten, daß sie sich an ihren einheimischen Gütern begnügen (...) Neuntens ist außer wichtigen Bedenckens in keinerley Weiß noch Weg zu gestatten, daß Güter, deren Art innerlands zur Genüge und in erträglicher Güte fällig, von außen hineingebracht werden." [3]

3.3 Physiokraten

In Frankreich haben einige Denker wichtige Vorarbeit für die moderne Nationalökonomie geleistet, so z.B. RICHARD CANTILLON (ca. 1680-1734), FRANCOIS QUESNAY (1694-1774) und ROBERT JACQUES TURGOT (1727-81). CANTILLONS *Aufsatz über die Natur der Wirtschaft*[4] stand lange Zeit im Schatten von ADAM SMITHS *Wealth of Nations*. CANTILLON suchte - wie viele Nationalökonomen vor und nach ihm - nach dem eigentlichen "Wert" von Gütern.[5] Er versuchte zu beweisen, daß sich der Wert aller Güter auf zwei Komponenten - Arbeit und Land - zurückführen läßt. Er ging aber noch weiter führte alle Werte auf den eingesetzten Produktionsfaktor Land zurück. Das Argument ist wie folgt: Der Wert aller Waren läßt sich durch ein bestimmtes Quantum Arbeitszeit ausdrücken. Menschen vermehren sich nach Cantillon aber "wie Mäuse in einer Scheune." Das heißt, das immer mehr Böden benutzt werden müssen. Wenn die Erde ihre Maximalbevölkerung erreicht hat, werden (nach CANTILLON) zwischen 1,5 und 6 acres[6] benötigt, um eine Person zu ernähren. Es ist bekannt, wieviel eine durchschnittliche Person produzieren kann. Deswegen sind im Endstadium des Bevölkerungswachstums auch die Werte aller Güter, ausgedrückt in Bodeneinheiten, bekannt.

---

[1] Österreich über alles. (1684) in: K. Diehl/ P. Mombert (Hg.): Vom Gelde. (Frankfurt/-Berlin/Wien: Ullstein Verlag 1979)

[2] a.a.O., S. 24 ff.

[3] v. Hörnigk, a.a.O. S. 24-25

[4] Richard Cantillon: Essai sur la nature du commerce en general (1755).

[5] Erst die Denker der Neoklassik brachen endgültig mit diesem Paradigma und versuchten zu zeigen, daß ein "absoluter" Wert von Gütern nicht existiert und daß der Tauschwert die relative Knappheit eines Gutes anzeigt, was für das Funktionieren eine Volkswirtschaft ausreichend ist.

[6] anglo-amerikanisches Flächenmaß

Die wesentliche Neuerung bei CANTILLON und QUESNAY ist die Einführung von Ansätzen einer volkswirtschaftlichen Gesamtrechnung (vgl. **Makroökonomik**, Kap, I.B.). Sie teilen die Bevölkerung in drei Klassen - Landeigentümer, Unternehmer und Arbeiter - ein. Die Landeigentümer leben von der Verpachtung ihres Landes; sie konsumieren lediglich und sind unproduktiv. Die landwirtschaftlichen Unternehmer zahlen Pacht an die Landbesitzer, Löhne an die Arbeiter und beziehen Waren aus den Städten. Die Handwerker - städtische Unternehmer - verkaufen an die Gutsbesitzer und landwirtschaftlichen Unternehmer. Von diesen Erlösen beziehen sie Rohmaterial und bezahlen ihre Arbeiter. CANTILLON und QUESNAY versuchen, diese Ströme von Gütern und Dienstleistungen zu schätzen.[1] Das macht sie zu Vorläufern der modernen, von WASSILY LEONTIEF begründeten Input-Output-Analyse.

Obwohl die Physiokraten im Zeitalter des Merkantilismus schrieben und vor allem das Wohl ihres Landes im Auge hatten, war ihre analytisch zum damaligen Zeitpunkt weit fortgeschrittene Theorie dazu geeignet, einige Gemeinplätze des Merkantilismus zu hinterfragen. CANTILLON und QUESNAY wiesen darauf hin, daß nur Boden und Arbeitskraft Produktivkräfte seien. QUESNAY folgerte weiterhin, daß Geldvermögen - die Anhäufung eines nationalen Goldvorrates - nicht produktiv sei und daß Geldvermögen in den volkswirtschaftlichen Kreislauf zurückgeführt werden müsse. Weiterhin sollte das Ziel des Freihandels verfolgt werden, um die Volkswirtschaft optimal mit Gütern zu versorgen.

3.4 Der klassische Liberalismus

Die liberalen Denker der Klassik (vor allem in Großbritannien) versuchten, das Konfrontationsdenken des Merkantilismus auszuräumen. In einem berühmt gewordenen Satz schrieb der Engländer DAVID HUME, daß er für das wirtschaftliche Wohlergehen Frankreichs bete, nicht nur im Interesse Frankreichs, sondern auch im Interesse Englands. Das Gedankengebäude des klassischen Liberalismus wurde vor allem durch ADAM SMITH (1723-90), DAVID RICARDO (1772-1823) und JOHN STUART MILL (1806-73) errichtet. Der schottische Moralphilosoph und Ökonom ADAM SMITH ist die herausragende Figur unter den liberalen Denkern. Sein Hauptwerk *"An Inquiry into the Nature and the Causes of the Wealth of the Nations"* ist wohl das meistzitierte Werk der Volkswirtschaftslehre.[2]

SMITH vertrat eine *individualistische Konzeption*. Bei offenen Märkten kann jedes Wirtschaftssubjekt seinen eigenen Vorteil verfolgen und mit anderen Mitgliedern der Gesellschaft in freiwillige Tauschbeziehungen treten. Solange die Märkte offen sind, wird sich über Angebot und Nachfrage ein Preis einstellen, der die Pläne von Millionen koordiniert. Preise lösen das Allokations-, Distributions-, Motivations- und Koordinierungs-

---

[1] siehe insbesondere Francois Quesnay: <u>Tableau Oeconomique</u> (1759).

[2] Adam Smith: <u>An Inquiry into the Nature and the Causes of the Wealth of the Nations.</u> (1776) Obwohl vielzitiert, ist "Der Wohlstand der Nationen" nicht in gleichem Maße gelesen worden, weil der Umfang etwas abschreckt. Es ist aber ein gutgeschriebenes Buch, und man wundert sich, wieviele moderne Gedanken hier zu finden sind und wieviel Vorwürfe Smith aus Unkenntnis seiner Schriften zu Unrecht gemacht werden. So hat er keinesfalls einem laissez-faire Kapitalismus das Wort geredet, sondern darauf hingewiesen, daß gerechte Marktbedingungen ständig zu schaffen seien. deutsch: <u>Der Wohlstand der Nationen. Eine Untersuchung seiner Natur und seiner Ursachen.</u> (München: C.H. Beck 1974)

problem. Die "unsichtbare Hand" von Angebot und Nachfrage schafft, was keine Planung in dieser Vollkommenheit erreichen könnte. Gleichzeitig erhöht die Marktkoordination die persönliche Freiheit. Jeder einzelne ist frei, seinen Wohlstand über seine Arbeitsleistung und im Tausch selber zu bestimmen. Damit entfällt aber auch das obrigkeitliche Denken. SMITH ist methodologischer Individualist (vgl. S. 19). Das Individuum wird in seine eigene Selbstverantwortung entlassen.

Es wäre aber falsch, in SMITH einen Befürworter des Nachtwächterstaates oder des strikten Noninterventionismus zu sehen. SMITH nannte als Bedingungen der Marktentwicklung die Sicherheit des Staates nach außen, die Abwesenheit von Kartellen und Monopolen sowie Rechtssicherheit und die Verwurzelung moralischer Werte im einzelnen. Seine Attacken gegenüber Kartellen und Monopolen sind Legende: *"Geschäftsleute des gleichen Gewerbes kommen selten, selbst zu Festen und zur Zerstreuung zusammen, ohne daß ein Gespräch in einer Verschwörung gegen die Öffentlichkeit endet oder irgendein Plan ausgeheckt wird, wie man die Preise erhöhen kann."*[1]

Der Wettbewerb sollte also auch bei SMITH aktiv erhalten werden. Auch Investitionen in öffentliche Güter lehnte er nicht ab. Eine unmittelbare wirtschaftliche Betätigung befürwortete er da, wo öffentliche Anstalten und Einrichtungen unterhalten werden müssen, die für den einzelnen oder einzelnen Gruppen von wirtschaftlichem Interesse sind, weil der daraus resultierende Gewinn nicht die aufgewandten Kosten ersetzt, "obgleich er in einer großen Gesellschaft oft mehr als die Auslagen ersetzen würde."[2] Die Verteidigung, vor allem aber ein funktionierendes Rechtssystem und eine funktionierende Eigentumsordnung waren für SMITH derartige Güter, die der Staat bereitstellen sollte.

3.5 Frühsozialismus und Kommunismus

Die Gegenposition auf das liberale ökonomische Denken formte sich rasch. Zwar hatte das freiheitliche Denken des Liberalismus einen beispiellosen Wirtschaftsaufschwung im 19. Jahrhundert ermöglicht. Aber es entstand auch eine neue Klasse der Mittellosen, das Industriearbeitertum. Lange Arbeitszeiten (14 Stunden täglich), soziale Mißstände, Kinderarbeit, hohe Sterblichkeitsraten und schlechte Wohnbedingungen ließen Kritik an der liberalen Haltung aufkommen.

Die *Frühsozialisten* traten für Gleichheit ein. Diese verstanden sie nicht nur als *Gleichheit vor dem Gesetz*, sondern auch als *Gleichheit der materiellen und sozialen Stellung*. Als erster Sozialist kann wohl CLAUDE HENRI SAINT-SIMON *(1760-1825)* gelten, der die Erblichkeit des Privateigentums an Produktionsmitteln abschaffen wollte. Jeder sollte nicht mehr nach seinem Kapitalbesitz, sondern nur noch nach dem Werte seiner Arbeit entlohnt werden. Der Staat und eine elitäre Gruppe von Planern (bei ihm Bankiers, Unternehmer und Wissenschaftler) sollten den Produktionsprozeß lenken und die Funktionen der vormaligen Kapitaleigner übernehmen. Hier zeigt sich wie bei PLATON die Idee der kompletten Planung des Wirtschaftsprozesses und der "gerechten" Verteilung der

---

[1] Smith: Der Wohlstand der Nationen. a.a.O., S. 113

[2] Dieser Satz erinnert stark an Mancur Olson: Logik des kollektiven Handelns (Tübingen 1968), der auf dieser Erkenntnis eine ganze Theorie der Gruppenhandlungen aufgebaut hat.

Güter. Es wird darüber hinweggegangen, daß eine solche Planung notwendigerweise autoritär von oben geschehen muß und Unfreiheit mit sich bringt.

KARL MARX hat es sich mit diesem Problem einfach gemacht, indem er das Problem der Planung in einer sozialistischen Gesellschaft gar nicht betrachtete. Er postulierte einen Endzustand der kommunistischen Gesellschaft, in dem jeder nach seinen Fähigkeiten zum Gemeinwohl beitragen und nach seinen Bedürfnissen entlohnt werden sollte. Zuvor müsse aber die Macht der Kapitalistenklasse gebrochen werden und die Diktatur des Proletariats dafür sorgen, daß die kommunistische Gesellschaft erreicht werden könne. Sein Beitrag zur wirtschaftlichen Theorie ist hauptsächlich die differenzierte Analyse der gesellschaftlichen Prozesse.[1]

MARX analysiert die Entstehung und Verelendung des *Industrieproletariats.* Dazu benutzte er die von RICARDO vorgeschlagene *Theorie der Arbeitswerte:*[2] Die einzige produktive Kraft ist die Arbeitskraft des Arbeiters. Diese Arbeitskraft ist homogen, also von gleicher Qualität. Damit läßt sich auch der Wert eines Gutes bestimmen: Es ist genau die Menge Arbeit, welche notwendig war, dieses Gut zu erstellen. Somit hat eine Maschine, für die insgesamt 100 Stunden Arbeit aufgewandt wurden, einen entsprechenden Wert. Der Wert von 100 Stunden Arbeit wiederum bestimmt sich aus dem *"Reproduktionswert"* **(Subsistenzlohn)** des Arbeiters und seiner Familie: Der Arbeiter benötigt einen bestimmten Geldbetrag für Essen, Wohnung, Kleidung und seine Familie. Diesen Wert muß ihm der Kapitalist, der Besitzer der Produktionsmittel, entgelten. *Es wird aber nach* MARX *regelmäßig eine positive Wertdifferenz zwischen dem bestehen, was ein Arbeiter produziert, und dem, was ein Kapitalist bezahlen muß, um die Arbeitskraft des Arbeiters zu kaufen. Die resultierende Differenz ist der* **Mehrwert,** *der rechtmäßig dem Arbeiter zusteht, aber vom Kapitalisten eingesteckt wird.* Es entsteht Ausbeutung. MARX sieht daher die Überwindung des Kapitalismus und des Privatbesitzes an Produktionsmitteln als höchstes Ziel der Wirtschaftspolitik an. In der zu erreichenden klassenlosen Gesellschaft sollten die Produktionsmittel vergesellschaftet und die Entfremdung der Produktion aufgehoben sein. Lenin schreibt hierzu:

"Dort, wo die bürgerlichen Ökonomen ein Verhältnis von Dingen zueinander sahen (Austausch von Waren gegen Ware), dort enthüllte Marx ein Verhältnis von Menschen zueinander (...). Der Austausch von Waren drückt die Verbindung zwischen den einzelnen Produzenten vermittels des Marktes aus. Das Geld bedeutet, daß diese Verbindung immer enger wird, indem sie das ganze wirtschaftliche Leben der einzelnen Produzenten zu einem einzigen unzerreißbaren Ganzen macht. Das Kapital bedeutet eine weitere Entwicklung dieser Verbindung: Zur Ware wird die Arbeitskraft des Menschen (...). Das durch die Arbeit des Arbeiters geschaffene Kapital drückt den Arbeiter nieder, es ruiniert die Kleinbesitzer (...). Durch die Zerschlagung der Kleinproduktion führt das Kapital zur Steigerung der Produktivität der Arbeit und zur Schaffung einer Monopolstellung für die Verbände der größeren Kapitalisten."[3]

MARX glaubt, die *Zwangsläufigkeit historischer Prozesse,* die nach ihm eine *"Geschichte von Klassenkämpfen"* sind, durch die realen Produktionsverhältnisse begründen

---

[1] Karl Marx: <u>Das Kapital. Kritik der politischen Ökonomie.</u> (1884)

[2] Viele Lehrbücher nehmen bezug auf die "Arbeitswertlehre" von Ricardo. Ricardo hat aber keine geschlossene Arbeitswertlehre aufgestellt, sondern bestenfalls eine Theorie der Arbeitswerte.

[3] W.I. Lenin: <u>Theorie. Ökonomie. Politik.</u> (Stuttgart: Alfred Kröner Verlag 1974) S. 74. ff.

zu können. Daraus folgt eine deterministische Auffassung des geschichtlichen Prozesses. Sein *Gesetz der fallenden Profitrate* ist das bekannteste Beispiel. Der Kapitalist benötigt im Produktionsprozeß Kapital: Je weiter sich eine Wirtschaft entwickelt, desto kapitalintensiver wird die Produktion, desto mehr Kapital wird im Verhältnis zur Arbeit eingesetzt - das Verhältnis von (durch Arbeit geschaffenem) Mehrwert und Kapital verschlechtert sich: die Profitrate sinkt. Durch diese Entwicklung - so MARX - werde sich ein ständiger Konzentrationsprozeß und Expansionsprozeß hin zu neuen Märkten abspielen. Wenn die Welt unter den kolonialen Mächten aufgeteilt sei, müßten die Kapitalisten zwangsläufig in Konflikte geraten, weil die Expansion systemimmanent sei. Kriege würden häufiger auftreten und letzten Endes würde eine Revolution dafür sorgen, daß die Kapitalistenklasse abtritt. Dies müßte zwangsläufig im Rahmen eines Klassenkampfes geschehen, weil sich die herrschende Monopolistenklasse mit aller Kraft an ihre Macht klammere und diese nicht freiwillig an die Arbeiterklasse abgeben würde. Der Kampfgedanke steht im deutlichen Gegensatz zum Harmoniegedanken der Klassiker. Während die Klassiker darauf bestanden, daß die Verfolgung des Eigeninteresses in einer kapitalistischen Wirtschaft in der Regel auch das Allgemeinwohl fördern würde, betont die Marxistische Lehre den Konfliktgedanken. Nur durch einen aktiven Kampf gegen eine andere Klasse könne die arbeitende Klasse ihr Los verbessern.

MARX versuchte, die Geschichte monokausal durch wirtschaftliche Determinanten zu erklären. Dem Harmoniegedanken der Klassiker (die aber, wie Smith, durchaus sahen, daß Harmonie nur ein Endziel sein konnte), setzt er eine dezidiert konfliktbezogene Position entgegen. MARX entwickelte neue Denkansätze. Bis heute ist die Diskussion um seine Theorien nicht zur Ruhe gekommen und wurde nach dem zweiten Weltkrieg vor allem von den jungen Nationen der dritten Welt aufgenommen, die darin eine Möglichkeit sahen, sich gegen die "Ausbeutung" durch die Industrienationen zu wehren. Die größten Fehler von Marx waren wohl die Verwendung von Ricardos Theorie der Arbeitswerte und die Monokausalität der Marxschen Theorien.

3.6 Technokratische Wirtschaftspolitik: "fine tuning" und Globalsteuerung

Der Nationalsozialismus hatte kein geschlossenes wirtschaftspolitisches Konzept entwickelt. Korporatistische Ideen, Kapitalismus und sozialistisches Gedankengut traten in einer obskuren Mischung auf.[1] Schon in der Weimarer Republik sahen viele die traditionellen Konzepte des Liberalismus/Kapitalismus und des Kommunismus als überholt an. Der Kommunismus war durch die Ausschreitungen der Stalin-Zeit diskreditiert worden, der Liberalismus hatte seine Krisenanfälligkeit in der Zeit der *Großen Depression* (1929-1936) gezeigt.[2]

---

[1] Für Interessierte sei der Artikel "Wirtschaftspolitik des Nationalsozialismus in Deutschland" von Fritz Blaich empfohlen. In: Dieter Cassel: Wirtschaftspolitik im Systemvergleich. (München 1984), S. 165-76

[2] Es gibt allerdings Autoren, die schlüssig argumentieren, daß die große Wirtschaftskrise nur möglich war, weil die Nationen von den Prinzipien des Liberalismus abgerückt waren. Z.B. Milton Friedman: Capitalism and Freedom. (Chicago: University of Chicago Press 1962)

Als Antwort auf die Große Depression hatte JOHN MAYNARD KEYNES seine *"Allgemeine Theorie der Beschäftigung, der Zinsen und des Geldes"* geschrieben (vgl. **Makroökonomik**, Kap. III.A.). Das Werk machte Furore und hat Generationen von Wirtschaftstheoretikern und Politikern sowie Studenten, die sich mit den Folgen auseinandersetzen mußten, beschäftigt. Der Einfluß der *"General Theory"* beruht auf drei Faktoren: Erstens war KEYNES schon zur Zeit der Veröffentlichung einer der bekanntesten Ökonomen seiner Zeit. Zweitens wurde angesichts der Krise nach neuen Erklärungsansätzen gesucht. Drittens ist die General Theory zwar mit brillianten Einfällen und geschliffenen Aphorismen durchsät, sie enthält aber so viele vage Stellen, daß sich jeder Ökonom seine eigene Keynes-Interpretation "basteln" konnte.

Die "General Theory" ist eine Kritik an den wirtschaftspolitischen Rezepten des Liberalismus. Nach Keynes konnten auch bei unbehinderter Funktion des Marktmechanismus schwere Störungen des Wirtschaftsprozesses, Wirtschaftskrisen, Unterbeschäftigung und Einkommensrückgänge eintreten (vgl. **Makroökonomik**, Kap. III). Eine makroökonomische Politik sollte bei den volkswirtschaftlichen Größen ansetzen und Wirtschaftskrisen verhindern. Für Keynes stehen vor allem die Fiskalpolitik, die Einkommenspolitik und die Steuerpolitik im Vordergrund; als ergänzendes Element kommt die Geldpolitik hinzu. TINBERGEN würde diese Instrumente als qualitative, ggf. noch quantitative Politik bezeichnen. Die gesamtwirtschaftlichen Größen sollen geplant und mit Hilfe dieser Instrumente beeinflußt und gesteuert werden. Eine solche Globalsteuerung hat den Vorteil, daß nicht direkt in die Sphäre der einzelwirtschaftlichen Entscheidungen eingegriffen werden muß, sondern daß der Wirtschaftsprozeß in seiner Gesamtheit beeinflußt wird. Damit bleibt auch die Freiheit des Einzelnen gewährleistet. Für KEYNES stand angesichts der großen Depression das Beschäftigungsziel der Wirtschaftspolitik im Vordergrund. Expansive Staatsausgaben, eine lockere Geldpolitik, Transfer- und Beschäftigungsprogramme sollten die Instabilität des Marktsektors kompensieren.

KEYNES wurde willig aufgenommen: Hier bot jemand eine Methode an, den Wirtschaftsprozeß so zu verstetigen und zu steuern, daß eine ständige positive Entwicklung gewährleistet war. Die dazu notwendige Planung machte es nicht erforderlich, die Lebensumstände des Einzelnen zu planen, sondern richtete sich nur auf globale Größen. Politiker bekamen Argumente geliefert, das zu tun, wozu sie immer willig bereit sind: die Staatsausgaben zu erhöhen. Für den Einzelnen wurde die Verantwortung vom Markt (und damit von seiner einzelnen Leistung) zu den für Wirtschaftspolitik verantwortlichen Stellen verlagert. Zunächst bot die Theorie also nur Vorteile. Das langanhaltende Wirtschaftswachstum nach dem zweiten Weltkrieg schien es zu bestätigen: Wirtschaftspolitik war Sache der Experten geworden. TINBERGEN gibt den Geist der Zeit wieder, wenn er schreibt: *"Ein Gleichungssystem, das in geeigneter Weise den Anpassungsprozeß einer Volkswirtschaft beschreibt, wird als ökonomisches Modell bezeichnet. Es stellt das Verhalten des Mechanismus dar, den die Wirtschaftspolitiker handhaben oder - um einen Ausdruck aus der Musik zu entlehnen - auf dem sie "spielen" müssen."*[1]

---

[1] Tinbergen, a.a.O., S. 45

3.7 Sozialismus und demokratischer Sozialismus

Eine Antwort auf die Probleme der Nachkriegszeit schien für viele der **demokratische Sozialismus** zu sein. In einem bestimmtem Umfang sollten Verstaatlichungen vorgenommen werden, z.b. bei der Großindustrie und den Banken. Eine umfassende soziale Sicherung, staatliche Strukturpolitik, Mindestlöhne und Preiskontrollen sollten die Verteilungsgerechtigkeit herstellen und eine gleichmäßige Entwicklung der Volkswirtschaft garantieren. Die meisten Befürworter einer sozialistischen Wirtschaftspolitik traten auch für das Privateigentum an Produktionsmitteln in begrenztem Umfang ein. Genossenschaften und Gewerkschaften sollten allerdings eine wichtige Rolle bei der Demokratisierung des Wirtschaftsprozesses spielen. Der Koordinationsmechanismus Markt bzw. Preis sollte zwar im Grundsatz erhalten bleiben, er erschien aber in weiten Bereichen reform- oder ersatzbedürftig.

In der Bundesrepublik war vor allem der spätere Finanz- und Wirtschaftsminister KARL SCHILLER Vorreiter einer Konzeption des demokratischen Sozialismus. Er schrieb, daß Marktwirtschaft und Marktlenkung durchaus miteinander vereinbar seien und daß die Gesellschaft die punktuellen existierenden Eingriffe zu einem einheitlichen Konzept zusammenfassen sollte. *"Wettbewerb so weit wie möglich, Planung so weit wie nötig"*, hat er sein Kernanliegen prägnant zusammengefaßt.[1] Die Globalsteuerung makroökonomischer Größen soll zu punktuellen Eingriffen hinzutreten. Vollbeschäftigung hat Vorrang vor Preisniveaustabilität, Verteilungsgerechtigkeit vor Wachstum und Wirtschaftsdemokratie vor Garantie des Privateigentums. Die Macht des Staates sollte allerdings beschränkt werden. SCHILLER schreibt hierzu:

"Nun zum zweiten Programmsatz, der Verbindung von Planung und Wettbewerb. Man muß sich immer wieder fragen, warum eigentlich diese Verbindung von vielen Kritikern als so problematisch angesehen wird... Diese Frontenbildung wurde in erster Linie hervorgerufen durch jene sogenannte Unvereinbarkeitslehre, die eine Verbindung der Marktwirtschaft mit Planungselementen für unmöglich hält... Ich fürchte, daß unsere deutschen Unvereinbarkeitstheoretiker auf wirtschaftspolitischem Gebiet gerade diejenige Methode anwenden, die in einer Demokratie überwunden werden sollte, nämlich die Methode des Denkens in Extremen."[2]

Der Holländer JAN TINBERGEN und später der tschechoslowakische Wirtschaftstheoretiker OTA SIK erregten mit ihrer **Konvergenzhypothese** großes Aufsehen. Sie behaupteten, daß sich die großen Wirtschaftsblöcke in der Zukunft immer mehr aneinander annähern würden. Der Managerkapitalismus der Großunternehmen würde immer stärker von Planungselementen durchsetzt, weil der selbständige Unternehmer immer seltener werde und der angestellte Manager eines Großunternehmens der eigentliche Entscheidungsträger sei. Gleichzeitig sahen sie aber auch, daß die östlichen Wirtschaftssysteme Marktelemente einführen müssten, wenn sie ökonomisch überleben wollten. Es sei damit eine Frage der Zeit, wann Kapitalismus und Kommunismus sich angleichen würden.

---

[1] Karl Schiller: Der Ökonom und die Gesellschaft. (Stuttgart: Gustav Fischer Verlag 1964), S. 30

[2] Schiller: Der Ökonom und die Gesellschaft. a.a.O., S. 122

Wirtschaftspolitik sollte daher nach SIK einen **"dritten Weg"** zwischen Kapitalismus und Kommunismus finden.

Der Verlauf der bisherigen Entwicklung widerlegt aber die Konvergenzhypothese. Es hat sich nicht bewahrheitet, daß die kapitalistischen Systeme immer stärkere planwirtschaftliche Elemente aufnehmen würden. Seit Anfang der achtziger Jahre ist das Wachstum des Staatsanteils in den meisten Nationen gestoppt worden. In den USA, Großbritannien, der Bundesrepublik, Spanien, ja sogar Frankreich vertraut man seither wieder mehr auf die Kräfte des Marktes. Vor allem die Wirtschaftspolitik unter RONALD REAGAN und MARGARET THATCHER waren hier maßgeblich.[1] Auch die Prämissen der Theorie des Managerkapitalismus werden durch die jüngsten Entwicklungen in Frage gestellt. Unternehmen, die früher als übernahmesicher galten, sind derzeit ständig davon bedroht, von einem anderen Unternehmen an der Börse aufgekauft zu werden. Eine solche Übernahme bedeutet in der Regel, daß viele Manager eines aufgekauften Unternehmens entlassen oder zumindest von den Managern des übernehmenden Unternehmens kontrolliert werden. Mit der Übernahmewelle, die vor allem seit Anfang der achtziger Jahre stark angewachsen ist, hat sich der Druck auf das Management, sich Markttests zu stellen, erheblich verstärkt.[2] Zusätzlich haben die Länder Mittel- und Osteuropas in den letzten Jahren mit weitreichenden marktorientierten Wirtschaftsreformen begonnen.

Ein weiterer Theoretiker des demokratischen Sozialismus ist der amerikanische Ökonom JOHN KENNETH GALBRAITH, der im zweiten Weltkrieg schon sehr jung Direktor des Amtes für Preiskontrolle der USA geworden war. Nach dem Kriege trat er mit einigen provokanten Thesen hervor, die allesamt den Kapitalismus kritisierten. Zum ersten bemerkte er, daß in den USA jeder ein Auto habe, während Umweltverschmutzung und Kriminalität zunähmen. Daraus leitete er die *These der Unterversorgung der Wirtschaft mit öffentlichen Gütern und der Überversorgung mit privaten Gütern* ab: Während die Privatwirtschaft durch Ausgaben für Werbung den Bedarf für private Güter künstlich anheize, würden öffentliche Investitionen vernachlässigt.[3] GALBRAITH kritisierte auch die *Anreizstruktur im Managerkapitalismus*: Ein Manager will nicht unbedingt die Profite eines Unternehmens erhöhen, sondern sein eigenes Einkommen. Dieses hängt aber oft mit der Größe eines Unternehmens zusammen. Also wird ein Manager versuchen, sein Unternehmen zu vergrößern. Für eine optimale Produktionsstruktur wäre aber Gewinnmaximierung notwendig. Die dritte GALBRAITHsche Kritik kann als *Zwei-Sektoren-Theorie* bezeichnet werden. GALBRAITH glaubt, daß in den westlichen Gesellschaften die Wirtschaft immer mehr in zwei Sektoren zerfällt, den Sektor der Großunternehmen und den Sektor der Kleinbetriebe. Die ersteren verfügen über Beziehungen zu den Regierungen und haben ausgedehnte Möglichkeiten zur Planung und Preissteuerung, während die Kleinbetriebe diese Möglichkeit nicht haben. Sie haben eine schlechte Wettbewerbsposition. Daraus folgt für GALBRAITH, daß die Großunternehmen genau kontrolliert werden und die Kleinbetriebe gefördert werden müssen.

---

[1] vgl. George v. Fürstenberg und Gerhard Fels: A Supply-Side Agenda for Germany. (Berlin/New York/Tokio: Springer-Verlag 1989)

[2] John C. Coffee et.al.: Knights, Raiders & Targets: the Impact of the Hostile Takeover. (New York: Oxford University Press 1988)

[3] John Kenneth Galbraith: The Affluent Society. (Boston: Houghton Mifflin 1958), American Capitalism: the Concept of Counterveiling Power. (Boston: Houghton Mifflin 1952)

3.8 Ordoliberalismus

Auch der sogenannte **Ordoliberalismus** versuchte, eine Alternative zu den Gesellschaftssystemen Kapitalismus und Kommunismus zu entwickeln. Diese Schule hat sich in Deutschland zwischen den Weltkriegen entwickelt. Ihre prominentesten Vertreter sind WALTER EUCKEN, ALEXANDER RÜSTOW und WILHELM RÖPKE.[1] Für die Ordoliberalen war es wichtig, den Menschen in einem natürlichen gesellschaftlichen Bezugsrahmen zu belassen. Sie sahen einen direkten Zusammenhang zwischen einem hohen Stand der Moral und der gesellschaftlichen Wohlfahrt - die geistig-moralischen Grundlagen der Marktwirtschaft waren ihnen so wichtig wie der Markt selber. Die menschenverachtende Gesellschaftsform des Kommunismus war spätestens nach der Stalin-Zeit endgültig diskreditiert. Nicht nur war das System unproduktiv, es schränkte auch die Freiheit des einzelnen ein und errichtete in weiten Bereichen ein System der Willkürherrschaft von oben. Unter einem solchen System war gesellschaftlicher Fortschritt nicht denkbar.

Deswegen bejahten die Ordoliberalen den Markt als die überlegene Organisationsform für die menschliche Gesellschaft. Durch den Markt wird Leistung und Verantwortung belohnt und Nicht-Leistung bestraft. Gleichzeitig werden Ressourcen an den Ort ihrer produktivsten Verwendung gelenkt. Da Transaktionen auf dem Markt freiwillig erfolgen, werden Macht- und Interessenkonflikte entschärft.

Dennoch war der Ordoliberalismus durchaus eine interventionistische Konzeption. Der laissez-faire-Kapitalismus des neunzehnten Jahrhunderts mit seinem Klassenelend wurde abgelehnt. Zentral für die Ordoliberalen wird die **Ordnungspolitik**. Die Wirtschaft sollte so geordnet werden, daß Märkte auch wirklich funktionsfähig waren. Der Staat sollte Schiedsrichter über den Wettbewerb sein, Monopole zerschlagen und Kartelle verhindern. In einer zu großen Industriearbeiterschaft sahen die Ordoliberalen einen negativen Auswuchs der Industriegesellschaft. Der einzelne Mensch, auch der sozial niedrig stehende, sollte souverän werden. Das war er nicht in einer kommunistischen Diktatur, aber auch nicht in einem von Großunternehmen geprägten Umfeld. Wenn jemand alleine von seinem Arbeitslohn abhängig ist, wird er erpreßbar und in Wirtschaftskrisen mit Massenarbeitslosigkeit steigt die Instabilität des gesamten Systems. Die Ordoliberalen strebten daher eine breite Schaffung von Privatvermögen an. Die *Vermögensförderung* sollte sicherstellen, daß Industriearbeiter möglichst noch Vermögenseinkommen bezogen. Die *Struktur- und Ausbildungspolitik* sollte sicherstellen, daß Industriearbeiter neben ihrer Fabriktätigkeit in einem weiteren, handwerklichen oder agrarischen Beruf verwurzelt waren.

Nach EUCKEN sind folgende **konstituierenden Prinzipien** wesentlich für den Erhalt einer Wirtschaftsordnung: Ein *funktionsfähiges Preissystem* und *Wettbewerb* müssen hergestellt werden. Diese Märkte müssen für neue Wettbewerber offen sein. Eine *stabile Währung* soll den güterwirtschaftlichen Sektor von Störungen aus der Geldsphäre freihalten. *Vertragsfreiheit*, *Eigentum* und *Haftung* schaffen weitere rechtliche Grundlagen. Die *Konstanz der Wirtschaftspolitik* hilft den Individuen, konsistent zu planen und schafft Sicherheit.

---

[1] Walter Eucken: Grundsätze der Wirtschaftspolitik. (Tübingen: Mohr 1968); Alexander Rüstow: Ortsbestimmung der Gegenwart: eine universalgeschichtliche Kulturkritik. (Erlenbach-Zürich: Eugen Rentsch Verlag 1950 u. 1963)

Neben den konstituierenden Prinzipien existieren noch **regulierende Prinzipien**, welche Marktunvollkommenheiten auflösen oder unerwünschte Marktergebnisse korrigieren sollen. *Monopolauflösung* und *Zwang zu wettbewerbsanalogem Verhalten*, *Korrektur der marktbestimmten Einkommensverteilung* durch eine gemäßigte Steuerprogression, *Ge- und Verbote zur Vermeidung negativer externer Effekte*[1] und eine Vermeidung anomaler Reaktionen der Arbeitsanbieter durch *Mindestlöhne* sind durchaus starke interventionistische Maßnahmen. Die Ordoliberalen wollten diese Eingriffe aber im Einklang mit dem Markt, nicht gegen ihn, durchführen. So setzten sie sich durchaus für eine gesellschaftliche Solidarität mit den schwachen Mitgliedern der Gesellschaft und Sozialtransfers ein. Diese Transfers sollten aber als direkte Einkommenstransfers gezahlt werden und nicht das Preissystem verändern. Wirtschaftspolitische Eingriffe sollten marktkonform erfolgen. Wettbewerb ist für die Ordoliberalen nicht Zustand, sondern Aufgabe der Wirtschaftspolitik.

Für die Ordoliberalen wie auch für die Theoretiker des demokratischen Sozialismus war der starke Staat erforderlich. Beide Positionen unterscheiden sich aber sehr deutlich. Die Ordoliberalen wollten den Staat, um einen Rahmen zu schaffen, in dem sich der einzelne frei entfalten konnte. Der Staat sollte dann nur noch als Garant dieses Rahmens fungieren. Die Anhänger des demokratischen Sozialismus hingegen gingen davon aus, daß auch eine ganze Reihe direkter Kontrollen notwendig seien. Weiterhin sollte das Kapital besonders sensibler Industrien in Gemeineigentum überführt werden. Sie sahen nicht, daß ein starker Staat, der sich direkt prozeßpolitisch betätigt, auch sehr viele Unfreiheiten schafft.

Der Kölner Wirtschaftsprofessor und Staatssekretär im Bundeswirtschaftsministerium ALFRED MÜLLER-ARMACK sowie der Wirtschaftsminister und spätere Bundeskanzler LUDWIG ERHARD haben die Gedanken des Ordoliberalismus für ein wirtschaftspolitisches Programm verwandt, das die Wirtschaftspolitik der Bundesrepublik bis heute prägt. Dieses Programm wird oft mit dem Begriff **"Soziale Marktwirtschaft"** bezeichnet. Obwohl die Sozial- und Wachstumspolitik der Sozialen Marktwirtschaft sehr erfolgreich war, hat die Vermögenspolitik nur einen begrenzten Erfolg gezeigt. Die Wettbewerbs- und Marktordnungspolitik ist in vielen Fällen wirkungslos geblieben. Kartelle und Wettbewerbsbeschränkungen existieren nach wie vor in vielen Formen.

Sogar die konservativen Parteien im westlichen Teil Nachkriegsdeutschlands liebäugelten kurzfristig mit den Gedanken des demokratischen Sozialismus: So sah z.B. das *Ahlener Programm* der CDU direkt nach dem Zweiten Weltkrieg weitgehende Verstaatlichungen vor. Mit der von Ludwig Erhard 1948 eingeleiteten Währungsreform hat sich der Ordoliberalismus aber bald als dominante Grundposition herausgestellt. Auch die SPD hat sich mit ihrem *Godesberger Programm* von 1957 von radikalsozialistischem Gedankengut befreit und einen moderaten demokratischen Sozialismus vertreten.

---

[1] Externe Effekte können bei der Produktion oder Konsumption von Gütern auftreten. Verschmutzt zum Beispiel eine Fabrik die Luft der Umgebung, so hat es in der Regel nicht die Kosten für diese Luftverschmutzung zu tragen. Die Kosten fallen z.B. in Form verstärkter Lungenerkrankungen der Anwohner an. Dafür zahlt aber die Versicherung der Betroffenen, nicht das Industriewerk. Das Werk hat einen Teil seiner internen Kosten externalisiert.

3.9 Neoliberalismus

Der Liberalismus ist in jüngerer Zeit vor allem durch LUDWIG VON MISES, FRIEDRICH AUGUST VON HAYEK und MILTON FRIEDMAN vertreten worden. Nach VON HAYEK kann kein einzelner den Stand des gegenwärtigen Wissens der Gesellschaft erreichen, das dezentral in vielen Köpfen vorhanden ist. Regeln des Zusammenlebens, auch wenn sie einfach aussehen (wie z.b. die Institution des Privateigentums), sind das Resultat von langwierigen Evolutionsprozessen und verkörpern kollektives Wissen. Sie haben sich im gesellschaftlichen Prozeß bewährt. Demzufolge sollte auch nicht mit der Gesellschaft experimentiert werden. Jede konstruktivistische Ordnung kann nur von Abstraktionen ausgehen. Kein Wirtschaftspolitiker kann die volle Realität erfassen. In der Tendenz ist VON HAYEK stärker noninterventionistisch als ADAM SMITH. Während SMITH dem Staat in gewissen Fällen das Recht zu einer wirtschaftlichen Aktivität einräumt, bestreitet VON HAYEK dieses Recht. Die "Verfassung der Freiheit" garantiert freie Märkte und ein freies Preissystem. Alle anderen Parameter sollen in einem offenen, nicht normierten Wettbewerbsprozeß determiniert werden.[1] Auch Kartelle oder Großunternehmen sind dieser Auffassung zufolge effiziente Wirtschaftsorganisationen, die sich spontan herausgebildet haben. Solange die Märkte und das Preissystem frei bleiben, besteht keine Veranlassung, diese Kartelle anzugreifen, nur weil sie zeitweilig die Preise bestimmen.

Die Ökonomen der sogenannten CHICAGO SCHOOL (z.B. GEORGE STIGLER, GARY BECKER) versuchen, alle Handlungen von Individuen mit ökonomischen Nutzenkalkülen zu erklären. In einen Aufsatz vergleicht BECKER z.B. die Investition in Kinder mit einer Investition in dauerhafte Konsumgüter. Andere Werke beschäftigen sich mit einer ökonomischen Theorie der Heirat oder des Kirchgangs (verstanden als Investition in den Konsum von gutem Leben im Jenseits). Der Sinn dieser Übungen ist, nachzuweisen, daß alle Entscheidungen letztlich ökonomisch rational sind und daß staatliche Eingriffe in die Entscheidungen des einzelnen zu einem Wohlfahrtsverlust führen.

---

[1] Friedrich August von Hayek: The Constitution of Liberty. (Chicago 1960)

4 Handlungsfelder

4.1 Wettbewerbspolitik

Viele Ökonomen sehen im Wettbewerb die treibende Kraft einer funktionierenden Volkswirtschaft. Nur bei Wettbewerb kann der einzelne sich ohne (nennenswerte) Hindernisse frei am Wirtschaftsleben beteiligen. Im Verlaufe des Wettbewerbsprozesses werden die Produktionsentscheidungen durch den Markt optimal koordiniert, so daß eine optimale Güterversorgung gewährleistet wird.

Wettbewerb ist weder bequem noch risikolos. Er setzt den erfolgreichen Unternehmer, der sich mit einem neuen Produkt etablieren und Gewinne erzielen konnte, immer der Nachahmung durch andere Anbieter aus. JOSEPH SCHUMPETER hat die Theorie des dynamischen Unternehmers entwickelt: Ein Unternehmer erfindet ein neues Produkt oder macht eine technische Erfindung marktreif. Damit ist er innovativ. Wenn sich sein Produkt durchsetzt, kann er mit guten Gewinnen rechnen. Das erweckt die Aufmerksamkeit anderer Unternehmer. Sie wollen teilhaben und fangen ebenfalls an, das entsprechende Gut zu produzieren. Das Angebot weitet sich aus und der Preis sinkt. Die Gewinne sinken gegen null. Wenn die Bevölkerung mit der neuen Erfindung versorgt ist, können sogar Wirtschaftskrisen entstehen, weil die Produktionsfaktoren nicht sofort umgelenkt werden können.[1] Deswegen kann es für einen Anbieter oft profitabel sein, den Zutritt zu einem Markt zu begrenzen. Er kann höhere Preise fordern, wenn er alleine oder in Preisabsprachen mit anderen Anbietern seine Produkte verkauft, als wenn Konkurrenten in einen Preiswettbewerb eintreten (vgl. **Mikroökonomik**, Kap. 4.3-4.4). Wettbewerb erfüllt seine Aufgaben gerade deswegen, weil er den einzelnen dem Druck aussetzt, sich ständig neu zu bewähren.

Der Wettbewerb sorgt dafür, daß Unternehmer die Preise solange herabsetzen, bis diese sich den Produktionskosten annähern. Solange die Preise höher als die Produktionskosten sind, können noch Gewinne erzielt werden und neue Anbieter drängen auf den Markt, die mit niedrigeren Preisen die Nachfrage auf sich ziehen wollen. Die Preisgrenze ist genau bei den Produktionskosten erreicht - darunter würden die Anbieter mit Verlust arbeiten.

Die harte Konkurrenz des freien Wettbewerbes ist aber auch ein Grund dafür, daß die Anbieter (ggf. auch Nachfrager) bestimmter Leistungen und Dienste einen Anreiz besitzen, den Wettbewerb zu beschränken. Wettbewerbsbeschränkungen existieren vor allem in drei Formen: Dem Monopol, dem Oligopol und der monopolistischen Konkurrenz.

---

[1] So konnten zum Beispiel die Produktionsfaktoren nach dem Aufbau der Eisenbahnnetze nicht sofort umgelenkt werden (z.B. in die chemische Industrie). Die Folge war eine langanhaltende Rezession im letzten Viertel des 19. Jahrhunderts. Joseph Schumpeter: <u>Kapitalismus, Sozialismus, Demokratie</u>. (München: UTB 1980)

1. Der **Monopolist** hat ein angenehmes Leben, weil er überhöhte Preise fordern kann. Die Konsumentensouveränität ist verletzt. Hohe Gewinne müssen aber nicht unbedingt auf eine Monopolsituation hindeuten: Wenn ein Unternehmer ein neues Produkt einführt oder über bessere Informationen verfügt, sind seine Gewinne ein Anzeichen dafür, daß der Markt funktioniert (vgl. **Marketing**, Kap. 2.1 und 2.3).

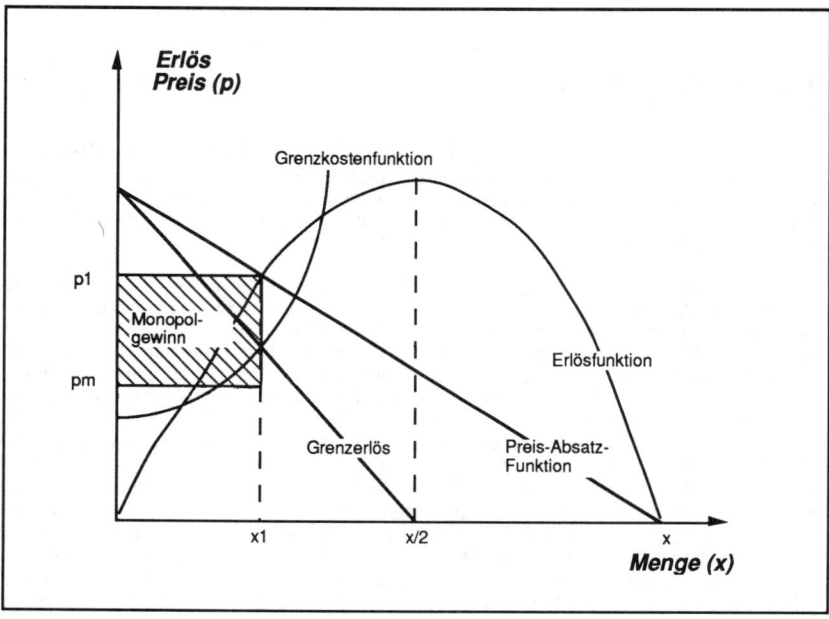

Die obige Abbildung verdeutlicht die Handlungsweise des Monopolisten. Der Monopolist kann jeden Preis festsetzen, der ihm beliebt. Er muß aber in Betracht ziehen, daß bei extrem hohen Preisen die nachgefragte Menge bis auf Null zurückgeht, weil die Konsumenten dann lieber andere Güter kaufen. (Diese Annahme gilt nur für nicht lebensnotwendige Güter.) Dieser Zusammenhang läßt sich durch eine *Preis-Absatz-Funktion* darstellen. Bei einem hohen Preis p ist die nachgefragte Menge x gering und umgekehrt. Multipliziert man die Menge mit dem jeweiligen Preis, ergibt sich der Gesamterlös des Monopolisten. Der Gesamterlös ist in der Abbildung durch die parabelförmige Erlösfunktion dargestellt.

Auf der anderen Seite sieht sich der Monopolist steigenden *Grenz- und Durchschnittskostenkurven* gegenüber. Je mehr der Monopolist produziert, desto geringer wird das **Grenzprodukt** (vgl. S. 14) der eingesetzten Produktionsfaktoren - die Kosten pro Produkteinheit steigen. Der Monopolist produziert die Menge x_1, bei der Grenzerlös und Grenzkosten identisch sind. Er kann zu einem Preis p_1 die Menge x_1 absetzen. Unter **vollkommenen Marktbedingungen** *können Unternehmer nur ihre Durchschnittskosten als*

Absatzpreis fordern (p_m), vorausgesetzt, daß sich ihre Produktionsbedingungen nicht unterscheiden. Der Monopolist fordert p_1 und hat damit einen Monopolgewinn erzielt, welcher der schraffierten Fläche entspricht (vgl. **Mikroökonomik**, Kap. 4.3).

2. Ein **Oligopolist** sieht sich einem anderen Gewinnkalkül gegenüber, weil er von den Entscheidungen anderer Anbieter abhängig ist. In der Ausgangssituation sind die Preise im Oligopol oft stabil. Der Oligopolist macht unter Umständen einen nicht unbeträchtlichen Gewinn.

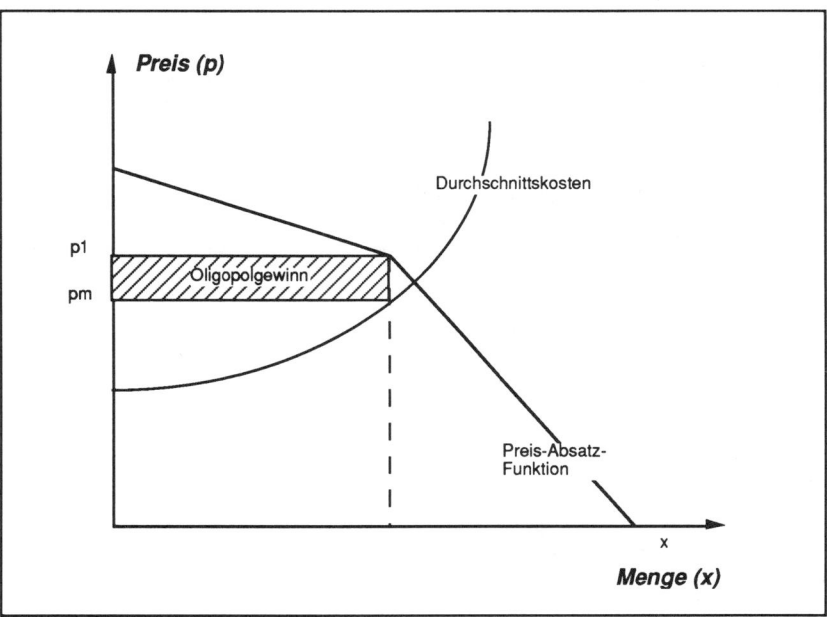

Er kennt seine Kostenkurve und sieht, daß der Marktpreis höher ist als seine Kosten. Dadurch entsteht ein Oligopolgewinn. Unter vollkommener Konkurrenz würde sich der Marktpreis den Kosten angleichen. Diese Konkurrenz wird aber nicht wirksam, weil sich der Oligopolist einer geknickten Preis-Absatz-Funktion gegenübersieht. Der Monopolist kann die Produktion einschränken, um die Preise in die Höhe zu treiben. Diese gelingt dem einzelnen Oligopolisten nicht, weil dann die anderen Anbieter ihre Produktion zum alten Preis ausdehnen und schnell Marktanteile gewinnen. Die Nachfrage wandert vom dem Anbieter, der seinen Preis erhöht hat, zu anderen Anbietern ab, die einen nicht unbeträchtlichen Zusatzgewinn machen. Jede Preiserhöhung des einzelnen Anbieters macht sich in einem starken Rückgang der Nachfrage für diesen Anbieter bemerkbar. Dies ist der flache (preiselastische) Teil der Preis-Absatz-Funktion.

Senkt der Oligopolist seine Preise, wird er zunächst Nachfrage von anderen Oligopolisten auf sich ziehen. Er schädigt damit diese Oligopolisten. Die anderen Anbieter werden sich dies nicht gefallen lasen und ihrerseits die Preise senken.[1] Im Ergebnis sind alle Anbieter schlechter gestellt als zu Beginn der Preissenkungsrunde (vgl. **Mikroökonomik**, Kap. 4.4). Die Gewinner sind diesmal die Konsumenten. Dies ist der preisunelastische Teil der Preis-Absatz-Funktion.

Diese Überlegungen sprechen für eine gewisse Starrheit der Preise. Marginale Änderungen der Produktions- oder Nachfragebedingungen führen nicht notwendigerweise zu einer Änderung der Angebotspreise der Oligopolisten. Je geringer die Anzahl der Anbieter ist und je durchsichtiger die Marktverhältnisse sind, desto eher wird der einzelne Anbieter erkennen, daß sich gemeinsames Handeln als vorteilhaft erweisen kann. Oligopole scheinen daher ein guter Nährboden für Verhaltensabstimmungen oder Wettbewerbsbeschränkungen zu sein. Andererseits besteht auch für den einzelnen Anbieter immer die Versuchung, die Angebotsmenge auszudehnen. Merken die anderen Anbieter dies nicht, kann der einzelne Anbieter große Zusatzgewinne machen.

3. Wiederum anders werden sich die Anbieter im Falle der **monopolistischen Konkurrenz** verhalten (vgl. **Marketing**, Kap. 2.1.1).

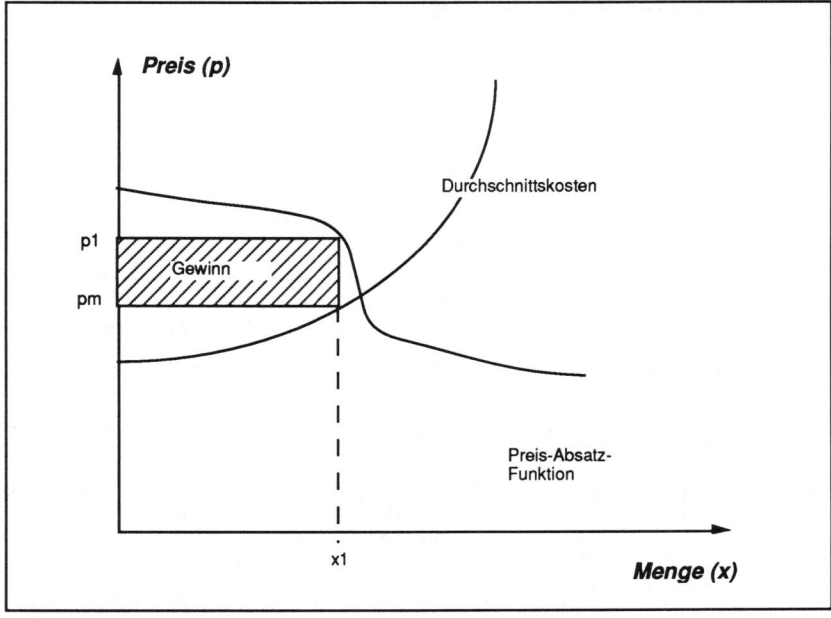

---

[1] Dies ist wiederum eine Folge der Reaktionsverbundenheit der einzelnen Anbieter und der Interdependenz bei der Entscheidungsfindung.

Bei monopolistischer Konkurrenz haben die Anbieter eine gewissen Preisspielraum, innerhalb dessen sie die Preise relativ frei festsetzen können, ohne daß sie Reaktionen der Konkurrenz zu erwarten haben. Dies ist der steile (preisunelastische) Bereich der Preis-Absatz-Funktion. Der einzige Bäckerladen in einem Dorf kann Preise für seine Produkte fordern, die über die zusätzlichen Transportkosten hinausgehen. Die Nachfrage nach den Produkten des Bäckerladens wird dadurch nicht wesentlich reduziert. Wenn die Brotpreise aber zu hoch werden, wandern die Konsumenten ab und fahren ins nächste Dorf, um Brot zu kaufen. Bei sehr niedrigen Preisen werden Konsumenten aus anderen Dörfern kommen. In beiden Fällen befindet sich der Anbieter im den flachen (preiselastischen) Bereichen der Preis-Absatz-Funktion.

Die hier vorgestellte Preis-Absatz-Funktion wurde zuerst von GUTENBERG eingeführt, der ihr eine überragende Bedeutung für die betriebswirtschaftliche Praxis zumaß. Tatsächlich ist die monopolistische Konkurrenz wohl die am weitesten verbreitete Form des Wettbewerbs.

Die *Theorie der angewandten Wirtschaftspolitik* (vgl. S. 14) geht normalerweise davon aus, daß es eine Aufgabe der Politik ist, Marktunvollkommenheiten zu erkennen, zu beseitigen und die Bedingungen für einen funktionsfähigen Wettbewerb zu schaffen. Demgegenüber haben die Vertreter der *ökonomischen Theorie der Politik* (Public-Choice-Theorie) darauf hingewiesen, daß sich monopolistisches und oligopolistisches Verhalten nicht nur im Markt beobachten läßt. Die Politik selber kann Vertretern dieser Richtung zufolge Marktunvollkommenheiten erst *schaffen*: Auch in der Politik kann es für Verbände, Vereinigungen und Parteien sinnvoll sein, die Mitgliederzahl zu beschränken.[1] Wenn Vereinigungen oder Parteien es schaffen, die Produktion bestimmter Güter einzuschränken und die Gewinne (oder einen Teil der Gewinne) ihren Mitgliedern zukommen zu lassen, haben sie praktisch mühelos Einkommen umverteilt. Ein solches Verhalten wird **rentensuchendes Verhalten** (rent-seeking-activity) genannt. Rentensuchendes Verhalten führt nicht nur zu einer Umverteilung von Einkommen, sondern verursacht auch direkte Wohlfahrtsverluste (deadweight losses), weil es mit Kosten für Lobbytätigkeit verbunden ist. Hinzu kommt ein weiterer Wohlfahrtsverlust, weil der Anstieg der Produzentenrente geringer ist als der Rückgang der Konsumentenrente (vgl. **Außenwirtschaft**, Abschnitt 2.5.2.1).

Die Erhaltung eines funktionsfähigen Wettbewerbs ist für die Entscheidungsträger der Wirtschaftspolitik eine ständige Aufgabe, weil der Wettbewerb ständig Bedrohungen ausgesetzt ist. Die Ordoliberalen haben die Herstellung und Erhaltung eines funktionsfähigen Preissystems als eine der wichtigsten Aufgaben der Wirtschaftspolitik betrachtet. Ein starker Staat sollte rigoros bei Kartellen und Monopolen eingreifen, um diese zu entflechten und die positiven Wirkungen des Marktsystems wieder zur Geltung kommen zu lassen. Wettbewerb stellt sich dar als Abwesenheit unangemessener Marktmacht. Dieses sollte einem *"spirit of competition"* förderlich sein: Anbietern soll es ermöglicht werden, innovativ zu sein, Nachfrager sollen Konsumentensouveränität besitzen. Die meisten Ökonomen vertreten die Meinung, daß staatliche wirtschaftspolitische Instanzen den Wettbewerb garantieren oder zumindest Monopolanbieter kontrollieren sollen. BRUNO FREY hat allerdings empirische Analysen vorgelegt, die zeigen, daß die staatliche Monopolkontrolle keine Effizienzgewinne gebracht hat. Nach FREY hat im Gegenteil der staatliche Kontrolleur Anreize, sich mit einem Monopolunternehmen zu arrangieren. In korrupteren Ländern erwachsen ihm daraus direkt finanzielle Vorteile, in Demokratien mit höheren moralischen

---

[1] James Buchanan: An Economic Theory of Clubs. (Economica, Vol. 32, 1965), S. 1 ff.

Standards werden sich dennoch oft Monopolist und Verwaltungsbeamter gegenseitig "hochloben" und gute Arbeit bescheinigen.[1]

Staatliche Instanzen können verschiedene Stufen der Wettbewerbsintensität anstreben. Bei der **vollständigen Konkurrenz** (vgl. **Mikroökonomik**, Kap. 4.2) kann der einzelne Anbieter nur noch Erlöse in Höhe seiner Kosten erzielen, aber keine Gewinne mehr erwirtschaften. Deswegen hat er auch keine Möglichkeiten, in kostspielige Forschung zu investieren oder neue, riskante Produkte einzuführen. Vollständige Konkurrenz wird auch als **"Schlafmützenkonkurrenz"** bezeichnet. Alle Anbieter haben ihren Produktionsprozeß optimiert, aber keiner kann für Innovationen sorgen. Ein zweites Argument kann genannt werden, welches das Leitbild der vollständigen Konkurrenz zumindest in einer ganzen Reihe von Fällen fragwürdig macht: Bei vollständiger Konkurrenz existieren sehr viele Anbieter und Nachfrager. Liegen aber fallende Durchschnittskostenkurven (steigende Skalenerträge) vor, ist es gesamtwirtschaftlich günstiger, wenn die Produktion von größeren Einheiten übernommen wird.[2] Die Theoretiker sind sich einig, daß die Schlafmützenkonkurrenz keine ideale Wettbewerbsstruktur darstellt. Vollständige Konkurrenz ist weiterhin eine Idealstruktur. Die Realität ist durch eine Vielzahl von Marktunvollkommenheiten gekennzeichnet: große und kleine Unternehmen existieren nebeneinander, Preise sind nicht von anonymen Marktkräften gesetzte Daten, sondern Aktionsvariablen, die Markttransparenz ist unvollkommen und oft existieren Marktzutrittsbeschränkungen.

Wegen dieser empirischen Betrachtungen und auch aus der theoretischen Schlußfolgerung, daß gewisse Wettbewerbsbeschränkungen notwendig sind, um Innovationen zu förden, hat JOHN MAURICE CLARK gefordert, die vollständige Konkurrenz nicht als Leitbild der Wirtschaftspolitik zu verwenden. Er setzte die Idee des **"funktionsfähigen Wettbewerbs"** dagegen.[3] CLARK stellt eine Reihe von Kriterien auf, anhand derer beurteilt werden soll, ob der Wettbewerb funktioniert.

Marktstruktur-Kriterien sind z.B. die Zahl und die relative Größe der Anbieter, das Ausmaß der Produktdifferenzierung, Markttransparenz und Zutrittsbeschränkungen sowie die Verflechtung zwischen den Anbietern.

Marktverhaltens-Kriterien sind die Art der Preisfestsetzung und sonstige Verkaufsstrategien, Neigung zu wettbewerbsbeschränkendem Verhalten, Innovationsaktivitäten und die Risikoneigung der Anbieter.

Marktergebnis-Kriterien sind Preis-, Gewinn- und Kostenniveau, Produktqualitäten, Marktversorgung, Tempo des technischen Fortschritts, Werbeaufwand und Kapazitätsauslastung.

Diese Kriterien geben den Wettbewerbspolitikern ein anderes Instrumentarium an die Hand, als wenn sie von dem Leitbild des vollständigen Wettbewerbs ausgehen. Während

---

[1] Bruno Frey: Theorie demokratischer Wirtschaftspolitik, S. 83 ff. und 157 ff.

[2] In diesem Falle wird angenommen, daß Unternehmen um so günstiger produzieren können, je größer sie sind. Diese Annahme wird in der klassischen Analyse des Unternehmens, welche mit fallenden Skalenerträgen argumentiert, nicht gemacht. Die Klassiker vertraten die Auffassung von der fallenden Grenzproduktivität der Arbeit (vgl. **Mikroökonomik**, Abschnitt 3.2.3.2).

[3] John Maurice Clark: Toward a Concept of Workable Competition. (American Economic Review 1940), S. 241-256

aber die ersten beiden Kriteriengruppen *analytisch-deskriptiv* (beschreibend) verwendet werden können, ist die letzte Gruppe eher *normativ* (normensetzend). Da ein "richtiges" Marktergebnis (z.b. für das Preisniveau oder das Produktionsvolumen) vom Wettbewerbs-politiker nur schwer geschätzt werden kann, ist er darauf angewiesen, ein bestimmtes Niveau anzusetzen. Nur an den Ergebniskriterien kann CLARK aber prüfen, ob der Wettbewerb funktionsfähig ist. Wenn also bei den ersten beiden Kriteriengruppen festge-stellt wird, daß der Wettbewerb eingeschränkt ist, müßte das Marktergebnis die Antwort liefern, ob diese Beschränkungen gerechtfertigt sind. Wegen der schwer möglichen Bewertung des Marktergebnisses kann diese Aufgabe nur unvollkommen gelingen.

Die Ökonomen der sogenannten **Chicago School** (MILTON FRIEDMAN, GARY BECKER, GEORGE STIGLER, in Deutschland: HOPPMANN, vgl. S. 32) kritisieren deswegen den Versuch, Wettbewerbsergebnisse zu messen. Sie nehmen eine radikale oder - je nach Standpunkt - besonders konsequente Position ein. Sie gehen davon aus, daß der Wettbewerb seine eigene Struktur hervorbringt und daß ein Marktergebnis überhaupt nicht geschätzt werden kann. Kartelle und Monopole sollen den Vertretern dieser Position gemäß bestehen bleiben, da sie ein Ausdruck der günstigeren Kostenstruktur bei Großproduktion sind. Die Ökonomen der Chicago School fordern eine Noninterventionspolitik des Staates: Es soll keine aktive Wettbewerbspolitik betrieben werden; der Markt soll sich selber überlassen werden. Die Annahmen über die günstigeren Kosten- oder Managementstrukturen von Großunternehmen sind in vielen Fällen empirisch nicht bestätigbar. Es kann durchaus sein, daß ein Großunternehmen aufgrund komplizierter Verwaltungsstrukturen und wenig flexibler Produktionsweise kostenungünstiger produziert als ein Kleinbetrieb. Auch existieren, wie oben gezeigt, vielfältige Anreize zur Wettbewerbsbeschränkung. Es bleibt daher zweifel-haft, ob die extreme laissez-faire-Haltung der Chicago School gerechtfertigt ist.

4.2   Stabilisierungspolitik

Wirtschaftspolitik sollte helfen, eine gleichmäßige wirtschaftliche Entwicklung zu erreichen. Dieses Forderung ist unter den Ökonomen unumstritten. Zyklische Schwan-kungen der ökonomischen Aktivität führen zu hohen gesamtwirtschaftlichen Kosten. Wegen zyklischer Schwankungen werden **Grenz-** oder **Marginalanbieter** in den Konkurs ge-trieben. Erleidet z.B. ein Grenzanbieter (vgl. **Mikroökonomik**, Kap. 4.2.2)[1] in einer Depression eine Verlust von 500 Geldeinheiten und ist sein Maschinenpark 10.000 Geldeinheiten wert, so kann er einmal diesen Verlust aus eigener Tasche bezahlen, in der Hoffnung, im nächsten Aufschwung entschädigt zu werden. Reicht seine Kapitaldecke nicht, so muß er ggf. den Maschinenpark auflösen und weit unter Wert verkaufen. Der Maschinenpark dieser Anbieter ist auch deswegen wertlos, weil in der Rezession ein Überangebot an Maschinen besteht und die günstiger produzierenden Anbieter die Nachfrage befriedigen können. Weil Teile des Parks nicht mehr verwendet werden können oder in zweitbesten Funktionen eingesetzt werden müssen, muß der Maschinenpark abgeschrieben werden. Die Auflösung des Unternehmens zieht auch die Auflösung einer informellen Know-how-Struktur nach sich. Im nächsten Aufschwung wird der Maschinenpark wieder benötigt und muß wieder aufgebaut werden. Schon FRIEDRICH LIST hat deswegen das Prinzip der Stetigkeit der wirtschaftlichen Entwicklung betont.[2]

---

[1] Mit dem Begriff Grenzanbieter ist hier ein Unternehmer gemeint, dessen Erlöse gerade die Kosten seiner Produktion abdecken.

[2] List: Das nationale System der politischen Ökonomie. a.a.O., S. 322

Stabilisierungspolitik kann als Ordnungs- oder Prozeßpolitik betrieben werden. In den Bereich der **Ordnungspolitik** fallen die Instrumente, die TINBERGEN *Reformen* und *qualitative Instrumente* genannt hat. In den Bereich der Prozeßpolitik fallen die quantitativen Instrumente. **Prozeßpolitik** kann durch die *Geld-* und die *Fiskalpolitik* betrieben werden. Mit der Geldpolitik wird die Geldversorgung einer Volkswirtschaft bestimmt. Fiskalpolitik betreibt der Staat, wenn er die Art und den Umfang seiner Einnahmen und Ausgaben verändert.

Uneinigkeit besteht aber bei den Ökonomen, wie die Gleichmäßigkeit der wirtschaftlichen Entwicklung am besten zu gewährleisten ist. Die Ordoliberalen haben argumentiert, daß eine stabile Wirtschaftsordung die beste Stabilisierungspolitik ist. Die laissez-faire-Theoretiker gehen noch weiter. Sie wollen zwar ebenfalls einen funktionierenden gesetzlichen Rahmen (Rechtssicherheit) und freie Märkte, darüberhinaus aber auch einen möglichst geringen Anteil des Staates am Wirtschaftsleben. Für diese Schule ist der Staat die Hauptursache für Schwankungen der wirtschaftlichen Aktivität, und eine stetige Ordungspolitik ist die beste Stabilisierungspolitik. Begründet werden die Forderungen dieser Schule vor allem mit der **Theorie des politischen Konjunkturzyklus**.

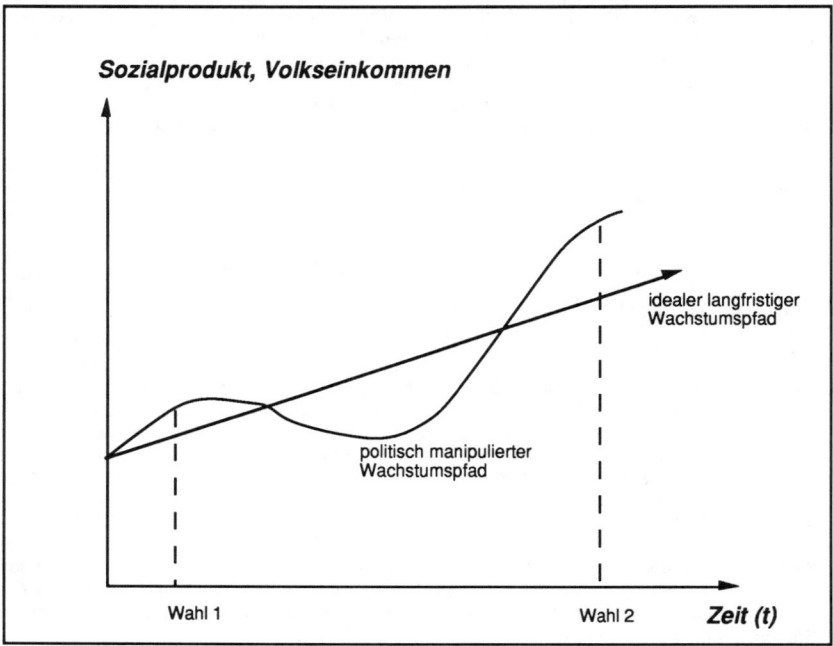

Bei dieser Theorie wird davon ausgegangen, daß der Wähler ein kurzes Gedächtnis hat und vergangenes Leid vergißt oder geringer bewertet. Ein stetiges Wirtschaftswachstum, dargestellt durch den geradlinig ansteigenden Pfad, wäre die beste Lösung. Vor den Wahlen

(1 und 2) wird diejenige Partei, die gerade an der Macht ist, aber das Wachstum künstlich beschleunigen und auch eine erhöhte Inflation in Kauf nehmen. Diese Handlungsweise wird auch durch die Tatsache erleichtert, daß die Beschleunigung der Inflation normalerweise mit einer gewissen Zeitverzögerung nach der Beschleunigung des Wachstums einsetzt. Der Wähler freut sich über das beschleunigte Wachstum und stimmt für die besagte Partei. Nach der Wahl müssen aber Stabilisierungsmaßnahmen getroffen werden. Das Wachstum verlangsamt sich - schließlich gerät die Wirtschaft in eine Krise. Bis zur nächsten Wahl sind die Probleme behoben - das Wachstum kann von neuem künstlich beschleunigt werden.

Für die Vertreter des laissez-faire-Ansatzes gilt es als bewiesen, daß freie Märkte ohne staatliche Interventionen auch am besten eine gleichmäßige wirtschaftliche Entwicklung garantieren.

Die Theoretiker der ordoliberalen Schule stimmen diesen Aussagen weitgehend zu. Sie machen aber für Schwankungen der wirtschaftlichen Aktivität nicht nur den Staat verantwortlich, sondern auch Monopole und andere Mechanismen, die die Flexibilität der Preise einschränken. Deswegen wollen die Ordoliberalen den "starken Staat", der in der Ordnungs- und Strukturpolitik darüber wacht, daß der Wettbewerb am Mark bestehen und das Preissystem funktionsfähig bleibt. Die Stabilisierungspolitik (Geld- und Fiskalpolitik) soll vom Prinzip der Stetigkeit bestimmt werden: Wenn der Staat bei seinen Einnahmen und Ausgaben sowie bei der Geldversorgung einem konstanten, berechenbaren Prinzip folgt, ist es auch für die Privaten einfacher, für die Zukunft zu disponieren.

Diesem Prinzip widersprechen die Anhänger einer **antizyklischen Stabilisierungspolitik**, die seit JOHN MAYNARD KEYNES von vielen Ökonomen vertreten wird. Hier ist vor allem der private Sektor die Quelle zyklischer Schwankungen der wirtschaftlichen Aktivität. Solche Schwankungen können für die interventionistische Schule zum Beispiel durch sich verändernde Zukunftserwartungen des Unternehmenssektors entstehen. In einem Aufschwung sind die Erwartungen des privaten Sektors zu optimistisch. Die Unternehmer verschulden sich stärker, um ihren Maschinenpark auszudehnen und die erwartete höhere Nachfrage nach ihren Produkten befriedigen zu können. Durch diese Handlungen tragen sie selber zu einer höheren Nachfrage nach Kapitalgütern und damit zu einer weiteren Stärkung des Wachstums bei. Wenn sie sich aber verschätzen, dann entstehen Überkapazitäten. In einem Abschwung müssen die Unternehmer gegebenenfalls Teile ihrer Unternehmen verkaufen. Kapitalgüter drängen auf den Markt und drücken auf die Preise für Kapitalgüter. Dadurch geraten auch die Lieferanten unter Druck. Die Zukunftserwartungen verschlechtern sich und notwendige Investitionen werden aufgeschoben. Die Wirtschaft gerät in die Rezession. Für die Anhänger einer interventionistischen Konzeption ist es erwiesen, daß der private Sektor periodisch zu Instabilitäten wie zum Beispiel der oben beschriebenen neigt. Bei solchen Schwankungen soll der Staat aktiv entgegensteuern, z.B. bei einer konjunkturellen Überhitzung dämpfen wirken und in einer Rezession die Konjunktur "ankurbeln".

Aktive Stabilisierungspolitik kann als Geldpolitik oder Fiskalpolitik betrieben werden.

4.2.1 Geldpolitik

Geld und Kredit sind in jeder hochentwickelten Volkswirtschaft vorzufinden:*"Man kann sogar noch einen Schritt weitergehen und sagen, daß man wohl auch die Geschichte der Völker und Kulturen nicht ganz verstehen kann, wenn man der sehr aktiven Rolle keine Beachtung schenkt, die das Geld im Auf und Ab der Geschichte und in der Formung des Lebensstils der einzelnen Epochen gespielt hat."*[1]

Schon die Klassiker haben dargelegt, daß Geld für das Funktionieren einer entwickelten Wirtschaft unerläßlich ist. Die **Zahlungsmittelfunktion** und die **Rechenmittelfunktion** (Wertmaßstab) des Geldes erleichtern wirtschaftliche Transaktionen stark: Ein Bäcker, der Schuhe haben möchte, muß bei Vorhandensein von Geld nicht versuchen, dem Schuster seine Brötchen zu verkaufen, sondern kann mit Geld bezahlen. Die nötigen Tauschmengen und die Tauschpartner müssen nicht übereinstimmen, wenn Geld hilft, die gedankliche Trennung von Kauf und Verkauf zu vollziehen. Die Zahl der relativen Preise - das sind die Knappheitsverhältnisse zwischen den einzelnen Gütern - steigt bei einer Tauschwirtschaft sehr schnell an. Bei zwei Gütern existiert nur ein relativer Preis, bei drei Gütern deren drei, bei vier Gütern schon sechs, bei fünf Gütern zehn, bei sechs Gütern fünfzehn, bei zehn Gütern fünfundvierzig.[2] Bei Einführung eines weiteren Gutes, das als allgemeiner Wertmaßstabes fungiert, reduziert sich diese Anzahl auf zehn. Jetzt kann jedes der zehn Güter in seinem Wert relativ zum allgemeinen Wertmaßstab bewertet werden. Bei n Gütern muß also das n-te Gut als Wertmaßstab fungieren, in dessen Einheiten allen anderen Güter ausgedrückt werden. Relativ zu diesem Gut existieren dann nur noch n-1 relative Preise. Geld kann nach KEYNES eine dritte Funktion, die **Wertaufbewahrungsfunktion**, haben.[3]

Für die Zahlungsmittel- und Rechenmittelfunktion kommt es nicht darauf an, daß viel Geld in einer Wirtschaft vorhanden ist, sondern daß überhaupt Geld vorhanden ist. Ähnlich wie bei einem Katalysator für chemische Reaktionen oder dem Schmiermittel für Motoren kommt es nicht so sehr auf die Menge, sondern hauptsächlich auf die Existenz an. Die Klassiker vertraten größtenteils die Lehre von der **Dichotomie des güterwirtschaftlichen Sektor und des monetären Sektors**, die sich gegenseitig nicht beeinflussen. Sie wollten damit bewußt hervorheben, daß ökonomische Werte in der güterwirtschaftlichen Sphäre und nicht durch Geld produziert werden.

---

[1] Röpke, a.a.O., S. 113

[2] Dieser Zusammenhang wird durch die kombinatorische Formel n!/(n-m)!m! (**Binomialkoeffizient**) angegeben.

[3] Vgl. S. 43-47 für eine ausführlichere Erläuterung der Wertaufbewahrungsfunktion.

"Geld ist kein eigentlicher Handelsgegenstand; es ist vielmehr nur das Mittel, das nach Übereinkunft der Menschen zur Erleichterung des Umtausches einer Ware gegen eine andere dient. Es ist kein Rad im Handelsverkehr: es ist nur das Öl, welches den Umlauf der Räder leichter und geschmeidiger macht. Wenn man die Verhältnisse eines Landes abgeschlossen für sich betrachtet, so erkennt man deutlich, daß die größere oder geringere Menge Geldes von keiner Bedeutung ist, da die Preise der Waren immer im Verhältnis zu der Geldmenge stehen (...)"[1]

Diese Position wurde später mathematisch ausformuliert und wird als **Quantitätstheorie des Geldes** bezeichnet (vgl. **Geldpolitik, Kap. 9, Makroökonomik**, Kap. II.B.5). Die Quantitätstheorie besagt, daß ein direkter Zusammenhang zwischen Geldmenge und Preisniveau besteht: Der Wert der produzierten Waren pro Periode (Menge mal Preisniveau) ist gleich der Nachfrage nach diesen Waren. Die Nachfrage läßt sich aber auch als Produkt aus der gesamten Geldmenge und der Häufigkeit, mit der eine Geldeinheit pro Periode den Besitzer wechselt, darstellen.[2] Daraus folgt, daß das Produkt aus Gütermenge und Preisniveau gleich dem Produkt aus Geldmenge und Umlaufgeschwindigkeit sein muß.[3] Eine höhere Geldmenge führt dann direkt zu einem höheren Preisniveau, wenn die Umlaufgeschwindigkeit konstant bleibt. Um diesen Punkt streiten sich bis heute die Theoretiker: Während die interventionistische Schule von einer variablen Umlaufgeschwindigkeit ausgeht,[4] haben die Gegner der **diskretionären Geldpolitik**[5] nachzuweisen versucht, daß die Umlaufgeschwindigkeit des Geldes zumindest langfristig konstant bleibt.

Allerdings: Nur wenn sich die Hypothese von der Dichotomie des monetären und des realen Sektor bewahrheitet, kann die Quantitätstheorie aufrechterhalten werden. Sobald die Geldmenge einen Einfluß auf die reale Menge an produzierten Gütern hat, muß eine veränderte Geldmenge nicht mehr in gleichem Maße zu einer Veränderung der Preise führen. Schon vor den Klassikern und auch im neunzehnten Jahrhundert hat es Theoretiker gegeben, die andere Positionen vertraten und dem Geld eine weitaus größere Rolle als die eines Schmiermittels zubilligten. Der Streit zwischen den Theoretiker der Banking- und Currency-Schule im neunzehnten Jahrhundert unterstreicht dies. Für die Currency-Theoretiker (z.B. SAMUEL JONES LLOYD) waren nur die umlaufenden Münzen Geld, für die Banking-Theoretiker (z.B. JOHN FULLARTON) auch die Banknoten und Kredite. Deswegen kamen beide Gruppen zu unterschiedlichen Ergebnissen für die Geldpolitik. Die Currency-Schule war quantitätstheoretisch orientiert, wie auch das oben aufgeführte Zitat von DAVID HUME belegt (vgl. **Makroökonomik**, Kap. II.B.5.), die Banking-Schule wies dem Geld einen direkten Einfluß auf die wirtschaftliche Aktivität zu.

Es blieb schließlich KNUT WICKSELL, FRIEDRICH AUGUST VON HAYEK und JOHN MAYNARD KEYNES vorbehalten, nachzuweisen, daß Geld- und Kreditschwankungen tatsächlich einen

---

[1] David Hume: <u>Vom Gelde</u>. (1742) in Diel:/Mombert a.a.O. S. 48

[2] Existieren zum Beispiel nur zehn Geldeinheiten in der Wirtschaft, wechselt jede aber zehnmal den Besitzer, so sind insgesamt Waren für 100 Geldeinheiten nachgefragt worden. (Voraussetzung ist, daß ökonomische Transaktionen stattgefunden haben und daß das Geld nicht verschenkt worden ist.)

[3] Die quantitätstheoretische Gleichung lautet $M^*V = P^*Y$ (mit M=Geldmenge, V=Umlaufgeschwindigkeit des Geldes, P=Preisniveau und Y=realer Wert der Güter und Dienstleistungen.)

[4] Keynes: <u>The General Theory of Interest, Employment, and Money</u> a.a.O.

[5] Diskretionäre Geldpolitik ist der Versuch, das Wirtschaftswachstum durch gezielte Veränderungen der Geldmenge im gewünschten Sinne zu beeinflussen.

großen Einfluß auf das Wirtschaftsleben ausüben. Eine Geldmenge kann in einer Wirtschaft fest vorgegeben - **exogen** - sein. Ein Beispiel wäre die **reine Goldumlaufwährung** mit vollständiger Deckungspflicht der Banken. In einem solchen Währungssystem existiert eine Geldmenge, die nur von der Menge des umlaufenden Goldes abhängt. Banken können zwar Einlagen an Gold entgegennehmen und Kredite (z.b. in Form von Banknoten) gewähren. Für jeden Kredit müssen sie aber Gold in gleicher Menge halten. Damit ist Ihnen die Möglichkeit entzogen, zusätzlichen Kredit zu schaffen, weil sie für jeden zusätzlichen Kredit einen gleichen Betrag aus dem Verkehr ziehen und als Reserve halten müssen. Die reine Goldumlaufwährung ist ein Ausnahmefall. Die Geldmenge ist in den wenigsten Währungssystemen exogen. In den meisten Systemen ist   sie endogen. Das heißt, daß Banken und Private in einem gewissen Umfang das Ausmaß der Geldversorgung einer Volkswirtschaft bestimmen können (vgl. **Geldpolitik**, Kap. 7). Banken haben die Fähigkeit zur **Giralgeldschöpfung**. Der Prozeß der multiplen Giralgeldschöpfung kann wie folgt verdeutlicht werden. Ein Sparer hinterlegt 1.000 DM auf einem Konto seiner Bank. Diese Bank hält 200 DM als Reserve zurück und leiht 800 DM an einen anderen Konsumenten aus. Damit sind schon 1.800 DM "im Umlauf", denn der Gläubiger der Bank kann über 1.000 DM, der Schuldner (zumindest bis zur Rückzahlung) über 800 DM verfügen. Die Bank konnte 800 DM ausleihen, weil sie Einlagen von vielen Gläubigern entgegennimmt. Basierend auf Erfahrungswerten ist sie in der Lage, zu schätzen, wieviel diese Gläubiger durchschnittlich als Einlage halten werden, selbst wenn sie gelegentlich Transaktionen vornehmen. Mit dieser durchschnittlichen Einlage (plus einer gewissen Sicherheitsmarge) kann die Bank arbeiten.[1]

WICKSELL hat die Existenz konjunktureller Schwankungen mit der Existenz eines getrennten Güter- und Geldmarktes erklärt. Auf dem Gütermarkt werden die Güterpreise und der **Güterzins** (natürlicher Zins) bestimmt. Der Güterzins entspricht der Produktivität des Realkapitals. Kann eine Maschine in einem Jahr 8 % mehr an Waren produzieren, als es ihrem jährlichen Wertverlust durch Gebrauch (Abschreibung) entspricht, so ist der Güterzins dieser Maschine 8 %. Dieser Güterzins ist nur von den technischen, d.h. realen Gegebenheiten abhängig und kann sich nicht verändern. Die Banken können in einem gewissen Umfang Geld (oder Kaufkraft) schaffen, wie oben angedeutet wurde. Herrscht eine optimistische Stimmung vor, so werden sie ihr Kreditangebot ausweiten. Damit drängt mehr Geld auf den Geldmarkt, die **Geldzinsen** (Marktzinsen) werden sinken (vgl. **Geldpolitik**, Kap. 5). Die Güterzinsen bleiben aber gleich, weil sie durch die technischen Gegebenheiten vorgegeben sind. Wenn die Geldzinsen unter die Güterzinsen sinken, werden mehr Maschinen gekauft. Die Wirtschaft befindet sich im Boom.

Werden die Erwartungen der Wirtschaftssubjekte schlechter, so werden auch die Banken die Zukunft pessimistischer sehen. Sie schränken ihre Kreditvergabe ein und das Geld wird knapp. Deswegen steigt der Geldzins und übertrifft das Niveau des Güterzinses. Es fallen nicht nur diejenigen Kapitalgüter aus, die im Aufschwung auf eine unsoliden Produktionsstruktur aufgebaut worden waren, sondern auch Faktoren, die unter stabilen Bedingungen rentabel arbeiten würden. Es entstehen die am Anfang dieses Kapitels beschriebenen Schwankungen der wirtschaftlichen Aktivität.

KEYNES hat diese Analyse fortgesetzt, indem er die Motive der Kassenhaltung genauer untersuchte (vgl. **Makroökonomik**, Kap. III.B.5.b). Bei den Klassikern wird Geld nur zu Transaktionszwecken gehalten. Das heißt, das Wirtschaftssubjekt legt sich eine Kasse an, um die Ausgaben der Folgeperiode tätigen zu können.

---

[1] vgl. Otmar Issing: Einführung in die Geldtheorie. (München: Verlag Vahlen 1984), S. 47 ff.

Auch WICKSELL hält prinzipiell an diesem Ansatz fest. Schwankungen in der Geldhaltung werden bei ihm durch zusätzliche Geldschöpfung der Banken in einer optimistischen Periode erklärt. Weil die Geldzinsen dann geringer sind als die Güterzinsen, werden Unternehmer mehr Geld aufnehmen, um Maschinen zu kaufen. Sie profitieren dann von den vergleichsweise geringen Refinanzierungskosten. Die Geldhaltung und Kreditgewährung wird also durch das Bankensystem und die Einschätzung der Zukunft durch die Banken bestimmt. Geldhaltung ist nach wie vor für das einzelne Wirtschaftssubjekt nur für Transaktionszwecke rational.

KEYNES stellt dem eine neue Analyse der Geldhaltung gegenüber. Nach Auffassung von Keynes halten die Wirtschaftssubjekte Geld nicht nur zu Transaktionszwecken. Geld wird auch aus spekulativen Gründen und zur *Wertaufbewahrung* gehalten. Während die Klassiker keinen Einfluß zwischen Zinssätzen und Geldhaltung annahmen, nimmt KEYNES an, daß eine funktionale Beziehung besteht. Er begründet dies damit, daß die einzelnen Wirtschaftssubjekte Zukunftserwartungen bilden und spekulieren.

Wirtschaftssubjekte können bei KEYNES zwei Arten von Vermögen halten, Geld und Wertpapiere. (Geld war für die Klassiker kein Vermögensgegenstand, weil es im Gegensatz zu Wertpapieren oder Ausleihungen keinen Zins erbrachte.) Ein wechselndes Zinsniveau kann die Wirtschaftssubjekte zu Spekulationen veranlassen. Kurswert und Zinssatz stehen in einer reziproken Beziehung zueinander: Hatten die Unternehmen Wertpapiere zum Kurswert von 100 DM und 10 % Zinsen ausgegeben, so entspricht dies einer Zinszahlung von 10 DM. Sinkt der Marktzinssatz nun plötzlich auf 5 %, so muß der Kurswert der Wertpapiere auf 200 DM steigen. Es werden ja immer noch 10 DM Zinsen für das Papier bezahlt. Damit diese Geldeinheiten einer Verzinsung von 5 % entsprechen, muß der Preis des Papiers steigen. Steigt hingegen der Marktzinssatz auf 20 %, so muß der Kurswert auf 50 DM fallen.

Der Kurswert entspricht also dem Zinssatz des Wertpapiers, dividiert durch den Marktzins und multipliziert mit dem Nennwert des Wertpapiers. Es ist verständlich, daß die Wirtschaftssubjekte nur dann Wertpapiere halten werden, wenn der Zinsgewinn den erwarteten Kursverlust übersteigt. Ab diesem Punkt wird das Wirtschaftssubjekt nur Wertpapiere in der **Spekulationskasse** halten. Werden Zinssenkungen (Kurssteigerungen) erwartet, werden erst recht Wertpapiere gehalten.

Übersteigt der erwartete Kursverlust die Zinseinkünfte, wird nur Bargeld gehalten. Je niedriger der Zins gegenwärtig ist, desto größer ist die Wahrscheinlichkeit, daß er in der nächsten Periode wieder steigen wird. Für jedes Wirtschaftssubjekt existiert ein kritischer Zinssatz, bei dem es von der Geld- auf die Wertpapierhaltung umsteigt. Oberhalb des kritischen Zinses werden nur Wertpapiere, unterhalb nur Geld aus dem **Spekulationsmotiv** nachgefragt. (Die Nachfrage aus dem Transaktionsmotiv bleibt hiervon unberührt.) Für das einzelne Wirtschaftssubjekt ist die funktionale Beziehung zwischen Zins und Geldhaltung in der Spekulationskasse eine diskrete Funktion: Es hält entweder einen Betrag von Null in der Spekulationskasse oder den gesamten zu spekulativen Zwecken geplanten Betrag.

Dennoch ist die gesamtwirtschaftliche Geldnachfrage bei KEYNES eine stetige Funktion des Zinsniveaus, weil sich die Erwartungen der Marktteilnehmer über die Zinsentwicklung unterscheiden. Einige Wirtschaftssubjekte werden erwarten, daß die Zinssätze extrem stark steigen. Diese Wirtschaftssubjekte halten ihre Spekulationskasse auch bei einem relativ hohen Zinssatz noch als Geldvermögen. Je niedriger der Zins wird, desto weniger

Wirtschaftssubjekte werden in der Regel Wertpapiere halten. Es ist theoretisch und empirisch auch einleuchtend, daß der Zinssatz nicht unter ein bestimmtes Niveau fallen kann. Ab einem bestimmten (niedrigen) Zinssatz wird auch ein Anleger, der eine starke Risikoabneigung hat, sein Geld lieber in bar halten, weil der entgangene Zinsgewinn nicht mehr die (sogar bei konservativer Haltung) zu erwartenden Abwertungsverluste kompensieren kann. Auf der anderen Seite ist auch eine gewissen minimale Geldnachfrage vorhanden, um die täglichen Transaktionen erledigen zu können.

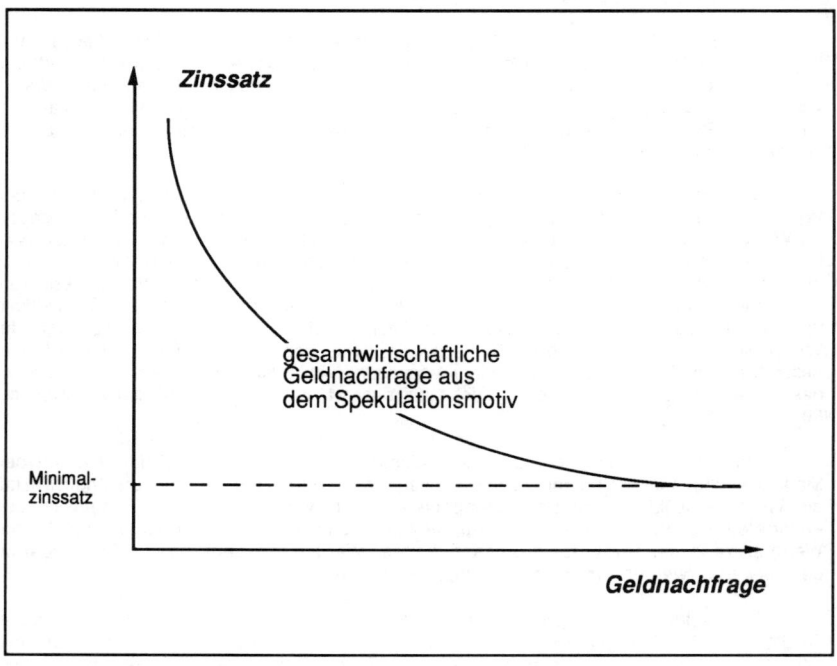

Wenn das Spekulationsmotiv aber tatsächlich existiert, so hat dies erhebliche Auswirkungen auch für die reale Wirtschaft. Wollen die Wirtschaftssubjekte weniger Geld halten, fragen sie Wertpapiere nach. Dadurch werden Wertpapiere relativ teuer, ihre Verzinsung fällt. Unternehmen können sich leichter refinanzieren und können Investitionen tätigen, die sich bei einem höheren Zinssatz nicht gelohnt hätten. Die Wirtschaft wächst beschleunigt. Die Erwartungen der Anleger haben die wirtschaftliche Aktivität beeinflußt.

Noch heute streiten sich Theoretiker und Praktiker der Wirtschaftspolitik darüber, ob durch die Geldmengen- und Zinspolitik die Wirtschaft beeinflußt werden kann. Eine Richtung in der Ökonomie befürwortet dies. Eine größere Geldmenge kann dieser Schule gemäß zwei Effekte haben.

1. Wirtschaftssubjekte verfügen über eine größere Kassenhaltung, die sie für zusätzliche Waren ausgeben. Solange noch ungenutzte Produktionsreserven vorhanden sind, werden die Unternehmen ihre Produktion ausweiten und diese zusätzliche Nachfrage befriedigen. Die Wirtschaft ist durch die Geldmengenausweitung belebt worden.

2. Die Wirtschaftssubjekte geben die zusätzliche Kaufkraft, die sie durch die Geldmengenausweitung erhalten haben, nicht aus. Sie fragen dann gewöhnlich Wertpapiere nach, weil ihnen das zusätzliche Geld keine Zinsen bringt. (Dies setzt voraus, daß sich ihre Zukunftserwartungen nicht verändert haben.) Werden zusätzliche Wertpapiere nachgefragt, so steigen die Preise der Wertpapiere und die Zinssätze sinken. Damit werden aber Investitionen für Unternehmen rentabler. Jetzt wird das Wirtschaftswachstum durch zusätzliche Nachfrage aus dem Unternehmenssektor beschleunigt.

Diese Argumente werden von den Befürwortern einer aktiven Geldpolitik vorgebracht. Sie plädieren bei mangelndem Wirtschaftswachstum für geringere Zinssätze und eine großzügige Geldversorgung, weil beide die wirtschaftliche Aktivität beleben.

Geldpolitik kann aber auch wirkungslos bleiben: Sollten die Wirtschaftssubjekte das zusätzliche Geld einfach als Bargeld halten und nicht ausgeben, so entsteht keine zusätzliche Nachfrage nach Gütern oder Wertpapieren. Weder direkt noch indirekt (über das Zinsniveau) wird die Wirtschaft belebt. Eine solche Situation kann auftreten, wenn der Zinssatz schon sehr niedrig ist und die Wirtschaftssubjekte nicht mehr erwarten, daß er weiter fällt oder wenn die Wirtschaftssubjekte starke Zinssteigerungen erwarten und daher alles zusätzlich erhaltene Geld in der Spekulationskasse halten wollen.

Geld- und Zinspolitik können weiterhin zu Inflation führen. Dann sind sie nicht nur wirkungslos, sondern oft sogar schädlich. Dies ist dann der Fall, wenn die Produktionskapazitäten der Wirtschaft voll ausgelastet sind. Im Falle ausgelasteter Produktionskapazitäten können die Unternehmen ihr Angebot nicht ausweiten. Sie haben aber einen größeren Spielraum, die Preise zu erhöhen, weil die Nachfrage nach ihren Produkten gestiegen ist. Als Resultat wird die Wirtschaft nicht wachsen, sondern die Preise werden solange steigen, bis die größere Geldmenge (multipliziert mit ihrer Umlaufgeschwindigkeit) dem Produkt aus Gütervolumen und Güterpreisen entspricht (vgl. S. 43).

Geldpolitik im keynesianischen Modell

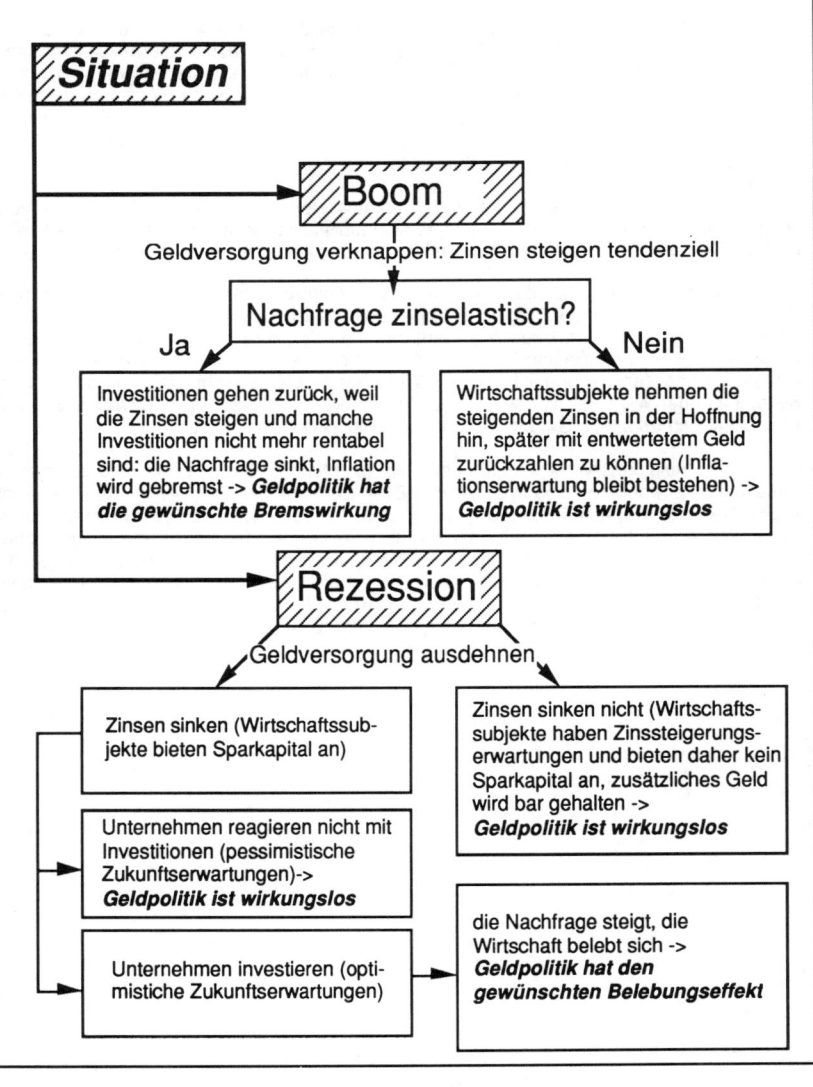

Situation

Boom

Geldversorgung verknappen: Zinsen steigen tendenziell

Nachfrage zinselastisch?

Ja   Nein

Investitionen gehen zurück, weil die Zinsen steigen und manche Investitionen nicht mehr rentabel sind: die Nachfrage sinkt, Inflation wird gebremst -> *Geldpolitik hat die gewünschte Bremswirkung*

Wirtschaftssubjekte nehmen die steigenden Zinsen in der Hoffnung hin, später mit entwertetem Geld zurückzahlen zu können (Inflationserwartung bleibt bestehen) -> *Geldpolitik ist wirkungslos*

Rezession

Geldversorgung ausdehnen

Zinsen sinken (Wirtschaftssubjekte bieten Sparkapital an)

Zinsen sinken nicht (Wirtschaftssubjekte haben Zinssteigerungserwartungen und bieten daher kein Sparkapital an, zusätzliches Geld wird bar gehalten -> *Geldpolitik ist wirkungslos*

Unternehmen reagieren nicht mit Investitionen (pessimistische Zukunftserwartungen)-> *Geldpolitik ist wirkungslos*

Unternehmen investieren (optimistiche Zukunftserwartungen)

die Nachfrage steigt, die Wirtschaft belebt sich -> *Geldpolitik hat den gewünschten Belebungseffekt*

Nach MILTON FRIEDMAN kann eine Erweiterung der Geldmenge zwar kurzfristig zu einer Erweiterung der Nachfrage führen, resultiert aber sehr rasch in einer allgemeinen Preissteigerung, auch wenn die Produktionskapazitäten noch nicht ausgelastet sind. Er argumentiert, daß die Wirtschaftssubjekte ihre Nachfrage nicht an der nominalen Geldmenge, sondern an der **realen Geldmenge** orientieren.[1] Gleichzeitig schreibt er den Wirtschaftssubjekten die Fähigkeit zu, rasch zu erkennen, ob eine Regierung die Geldversorgung manipuliert. Wird die Geldversorgung ausgedehnt, steigen die Preise recht bald. Die Unternehmer erkennen, daß mehr Geld im Umlauf ist. Ihre realen Anreize, mehr zu produzieren, haben sich aber nicht verändert. Auch die Haushalte merken, daß sie eigentlich nicht reicher als vorher sind, nur weil mehr Geld im Umlauf ist. Sie fragen exakt die Güter nach, die sie ohne die Geldmengenänderung nachgefragt hätten. FRIEDMAN gibt zu, daß eine Übergangsphase existieren kann, in der sich die Wirtschaftssubjekte täuschen können. Diese Phase ist aber sehr kurz. Während die Preise steigen, sinkt die reale Geldhaltung, weil das Geld entwertet wird. Die Kosten der Geldhaltung setzten sich jetzt aus den Opportunitätskosten der entgangenen Zinseinnahmen und der Geldentwertungsrate zusammen. Als Folge steigt aber die Nachfrage überproportional an, weil die Wirtschaftssubjekte ihre Kassenhaltung verringern wollen. Hat sich das Preisniveau aber auf einem höheren Niveau eingependelt, geht die Geldentwertungsrate wieder zurück. Jetzt sinken die Kosten der Geldhaltung wieder um die Geldentwertungsrate; und die Kassenhaltung nimmt wieder zu. Die Nachfrage sinkt. Eine Ausdehnung der Geldmenge führt nach FRIEDMAN nicht zu einer steigenden Erweiterung der ökonomischen Aktivität, sondern schafft wirtschaftliche Schwankungen. Für FRIEDMAN ist der staatliche und nicht der private Sektor der Verursacher von Wirtschaftskrisen. Die beste Geldpolitik ist eine stetige, am Produktionspotential ausgerichtete Ausdehnung der Geldmenge, die das Preisniveau stabil hält. Diese Auffassung zur Geldpolitik wird in der Regel mit dem Begriff **Monetarismus** umschrieben (vgl. **Makroökonomik**, Kap. IV.C).

Für FRIEDMAN ist eine diskretionäre Geldpolitik in jedem Falle schädlich, für die Klassiker wirkungslos. Auch für die Keynesianer ist Geldpolitik in den meisten Fällen wirkungslos. Geldpolitik wurde deswegen auch mit einem Tau verglichen, an dem man ziehen, aber mit dem man nicht schieben könne.[2] Viele Ökonomen haben versucht, die Frage nach der Wirkung von Geldmengenänderungen in den Griff zu bekommen. Zwei Probleme sind vor allem von Interesse: Erstens ist es bedeutsam, durch welche Kanäle sich eine Geldmengenerhöhung fortsetzt. Zweitens ist es wichtig, zu wissen, wie sich die erhöhte Geldmenge auf die Aktivität der Wirtschaftssubjekte auswirkt. Diese Frage kann beantwortet werden, wenn die einzelwirtschaftlichen Motive der Geldhaltung analysiert werden.[3]

---

[1] Die reale Geldmenge ist definiert als nominale Geldmenge dividiert durch das Preisniveau.

[2] Joan Robinson: <u>The Accumulation of Capital</u>. (London: Macmillan 1956).

[3] Die Arbeiten von Don Patinkin und Milton Friedman vertreten gegensätzliche Auffassungen über die Auswirkungen einer veränderten Geldmenge beim Wirtschaftssubjekt. Don Patinkin: <u>Money, Interest, and Prices</u>. (Evanston, Ill.: 1956), Milton Friedman: <u>Essays in Positive Economics</u>. (Chicago: University of Chicago Press 1952)

Geldpolitik im klassisch-monetaristischen Modell

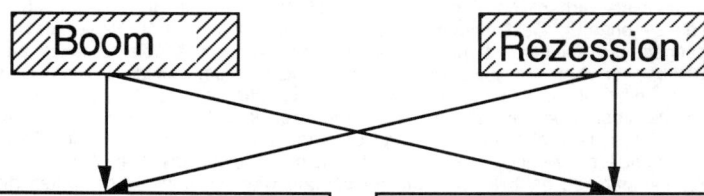

klassischer Fall:

Individuen haben perfekte Voraussicht, Preise steigen (Inflation bei Ausdehnung der Geldmenge) oder sinken (Deflation bei Verknappung der Geldmenge)

Die realwirtschaftliche Sphäre bleibt unberührt (Dichotomie des monetären und realen Sektors)

monetaristischer Fall:

Individuen fangen an, mehr (weniger) auszugeben. Daraus resultiert Inflation (Deflation).

Weil die Inflation die Kosten der Kassenhaltung erhöht (Deflation reduziert die Kosten der Kassenhaltung), sparen die Wirtschaftssubjekte weniger (geben weniger aus).

Sobald das neue Preisniveau erreicht ist, gehen Inflation (Deflation) auf null zurück. Die Individuen ändern ihre Kassenhaltung erneut.

Die diskretionäre Geldpolitik schafft Instabilitäten in der realwirtschaftlichen Sphäre.

4.2.2 Fiskalpolitik

Die **Fiskalpolitik** ist die wirtschaftliche Aktivität der öffentlichen Haushalte. Sie greift wesentlich direkter und spezifischer als die Geldpolitik in das Wirtschaftsgeschehen ein. Während man bei der Geldpolitik immer darauf angewiesen ist, zu mutmaßen, wo sich eine zentrale Veränderung der Geldmenge bemerkbar machen wird und ob bzw. wie die Wirtschaftssubjekte auf diese Veränderung reagieren werden, hat der Staat - zumindest auf den ersten Blick - eine bessere Kontrolle über die Resultate der Fiskalpolitik. In den westlichen Industrienationen haben die öffentlichen Haushalte einen beträchtlichen Anteil an den Aktivitäten der gesamten Wirtschaft erreicht, der von einem Viertel des Bruttosozialprodukts bis zu mehr als der Hälfte des Bruttosozialprodukts reicht. Fiskalpolitik kann Einnahmen- oder Ausgabenpolitik sein. Staatliche Einnahmen sind Steuern, Verschuldung oder Einnahmen aus Unternehmertätigkeit und Vermögen der öffentlichen Haushalte. Ausgaben können als **Personalausgaben** (z.B. Besoldung der Beamten), **Transferzahlungen** (Renten, Sozialhilfe) und auch als **direkte Nachfrage** von Gütern und Dienstleistungen auftreten.

Der Staat hat die Möglichkeit, unmittelbar in das Wirtschaftsgeschehen einzugreifen, weil er über das Mittel des *Zwangs* verfügt. Steuern sind zum Beispiel eine Abgabe, gegen die sich ein Wirtschaftssubjekt schlecht wehren kann, es sei denn durch Abwanderung, Steuervermeidung, Arbeitsverweigerung oder Abwahl der Regierung.[1] Interventionistisch geneigte Politiker bevorzugen die Fiskalpolitik. Das Konzept der **effektiven Nachfrage** ist hier besonders wichtig (vgl. **Makroökonomik**, Kap III.B und IV.B). Sind die Produktionskapazitäten ausgelastet, herrscht Vollbeschäftigung. Im Zustand der Vollbeschäftigung befindet sich die Wirtschaft im Gleichgewicht. Die privaten Haushalte verdienen ein gewisses Einkommen und sparen davon einen bestimmten Teil. Die Ersparnisse werden wiederum von den Unternehmen nachgefragt, welche ihren Kapitalstock aufrechterhalten wollen. Damit werden alle Güter, die in einer Periode produziert wurden (die Gesamtsumme der Löhne und Kapitaleinkünfte - das Einkommen der Haushalte - gibt genau den Wert der produzierten Waren wieder), auch nachgefragt. Ein Teil wird von den Haushalten konsumiert. Der von den Haushalten gesparte Anteil wird von den Unternehmen aufgenommen, um Kapitalgüter nachzufragen.

Wenn dieses Gleichgewicht zum Beispiel aufgrund pessimistischer Erwartungen der Unternehmer gestört wird, fragen diese in der nächsten Perioden nicht mehr alle Ersparnisse nach, weil sie es nicht für notwendig erachten, ihre Kapazitäten zu erhalten oder auszuweiten. Die Investitionsgüterindustrie (Kapitalgüterindustrie) kann einen Teil ihrer Güter nicht absetzen. Als Folge verringert sich das Einkommen in der Investitionsgüterindustrie, was die pessimistischen Erwartungen bestätigt. Die Unternehmen dieses Sektors können nicht mehr alle Güter nachfragen und müssen unter Umständen Arbeitnehmer entlassen, was das Volkseinkommen weiter reduziert. Die einzelnen Phasen dieses Abschwungszyklus können sich solange verstärken, bis eine größere Rezession eintritt. Die Befürworter einer aktiven antizyklischen Wirtschaftspolitik nehmen an, ein Mittel gegen solche Zyklen gefunden zu haben: Wenn die Unternehmen nicht genug investieren, soll der Staat Güter nachfragen, um die entstandene Nachfragelücke aufzufüllen.

---

[1] vgl. Albert O. Hirschmann: Exit, Voice & Loyalty - Responses to Declines in Firms, Organizations, and States. (Cambridge: Harvard University Press 1970)

Fiskalpolitik im keynesianischen Modell

Staatsnachfrage einschränken

Fall 1: Rückgang der Staatsschulden, der Kapitalmarkt wird entlastet: Die Zinsen sinken tendenziell.

Aufgrund der gesunkenen Zinsen steigt die Nachfrage der Haushalte und Unternehmen, aber um weniger als die Staatsnachfrage gesunken ist ->
Fiskalpolitik hat Bremswirkung

Fall 2: Die Steuerlast geht zurück.

Weil die Privaten eine konstante Sparquote haben, wird ein Teil des zusätzlichen Einkommens gespart. Die Zinsen sinken tendenziell. Der Gesamteffekt (Ausdehnung der Konsum- und Investitionsnachfrage minus Rückgang der Staatsnachfrage ist negativ) ->
Fiskalpolitik hat Bremswirkung

Staatsnachfrage ausdehnen

Fall 1: Anstieg der Staatsschulden: Der Kapitalmarkt wird belastet. Die Zinsen steigen tendenziell.

Die private Nachfrage sinkt tendenziell, aber weniger stark als die Staatsnachfrage ansteigt ->

Fiskalpolitik hat Belebungswirkung

Fall 2: Anstieg der Steuerlast:

Weil die Privaten einen Teil ihres Einkommens sparen, der Staat aber die gesamten Steuereinnahmen wieder ausgibt, belebt sich die Nachfrage ->

Fiskalpolitik hat Belebungswirkung

Diese Staatsnachfrage soll auch helfen, Krisen in weiteren Sektoren zu vermeiden. Der Staat kann diese Politik auf verschiedene Weise finanzieren: Wenn er seine Nachfrage über Ausgabe staatlicher Schuldtitel finanziert, ist für die Anhänger der keynesianischen Lehre die Nachfragepolitik am wirkungsvollsten. Es sind genug Ersparnisse vorhanden, die nicht alle vom privaten Sektor nachgefragt werden. Der Staat kann also Nachfrage gleichsam "aus dem Nichts" schaffen. Aber auch steuerfinanzierte Staatsausgaben sind wirksam: Der Staat entzieht den privaten Haushalten Kaufkraft und gibt diese vollständig aus. Die privaten Haushalte hätten aber einen Teil dieser Kaufkraft gespart. Um exakt diesen Teil ist vom Staat zusätzliche Nachfrage geschaffen worden (vgl. **Makroökonomik**, Kap. IV.B).

Transferzahlungen können eine Wirkung zeigen, wenn sie kreditfinanziert sind. Im Falle der Steuerfinanzierung von Transfers wird nur Einkommen von einem Wirtschafts-subjekt auf ein anderes Wirtschaftssubjekt umgeschichtet. Haben beide dieselbe Sparquote, verändert sich gesamtwirtschaftlich gesehen nichts (vgl. **Makroökonomik**, Kap. IV.B).

Die keynesianische Konzeption der aktiven Fiskalpolitik hat jahrzehntelang die Ökonomen fasziniert. Hier schien sich ein Weg aufzutun, die Wirtschaftskrisen der Vergangenheit endgültig zu überwinden. Nach dem zweiten Weltkrieg fiel die Konzeption überall auf einen fruchtbaren Boden. In der Bundesrepublik Deutschland war das Mißtrauen noch am größten. Bis Mitte der sechziger Jahre wurde in der Bundesrepublik eine mehr oder weniger stetige Fiskalpolitik verfolgt. Ab 1966/67 änderte sich dies. Das fiskalpoli-tische Instrumentarium sollte jetzt aktiver in den Dienst der diskretionären Stabilisierungspolitik gestellt werden - das *Stabilitäts- und Wachstumsgesetz* gibt Zeugnis vom Geist der Zeit. Besonders der sozialdemokatische Wirtschaftsminister KARL SCHILLER war gegen Ende der sechziger Jahre und zum Anfang der siebziger Jahre ein aktiver Vertreter der diskretionären Stabilisierungspolitik. Seit den beiden Ölkrisen sind die Wirtschaftspolitiker aber wieder wesentlich skeptischer in Bezug auf die Wirksamkeit wirtschaftspolitischer Maßnahmen geworden.

Die theoretische Gegenposition formierte sich um einen Kern liberaler Ökonomen (z.B. V. HAYEK, V. MISES, FRIEDMAN), die den privaten Sektor als stabil ansehen. Den Vertretern dieser Schule gemäß führt eine sinkende Investitionsnachfrage immer zu sin-kenden Zinsen. Dies veranlaßt die privaten Haushalte, mehr Güter und Dienstleistungen nachzufragen. Nachfrage wird lediglich zwischen den Sektoren umgeschichtet und gesamtwirt-schaftlich ändert sich lediglich die Struktur der Produktion, nicht aber ihr Umfang. Bei KEYNES war eine solche kurzfristige Umschichtung der Nachfrage unmöglich, weil die marginale Sparquote[1] der privaten Haushalte als konstant angenommen wurde. Deswegen ist die Nachfrage der Haushalte weitgehend zinsunabhängig.

Sollte die Konsumnachfrage sinken (im Gegensatz zur Keynes wird nicht notwen-digerweise eine stabile Konsumfunktion angenommen), vergrößert sich das Angebot an Ersparnissen. Dieses größere Angebot auf den Kapitalmärkten wirkt ebenfalls reduzierend auf die Zinssätze. Der Unternehmenssektor fragt verstärkt Kapital nach.

---

[1] Die marginale Sparquote (s) ist der Anteil an Ersparnissen pro Einheit an Einkommen. s=S/Y mit s=Sparquote, S=Ersparnisse und Y=Einkommen.

Fiskalpolitik im klassischen Modell

Staatsnachfrage einschränken

Fall 1: Rückgang der Staatsschulden. Der Kapitalmarkt wird entlastet, die Zinsen sinken tendenziell.

Die private Nachfrage wird durch die Zinssenkung belebt und gleicht exakt den Rückgang der Staatsnachfrage aus ->

Fiskalpolitik hat keine Wirkung

Fall 2: Rückgang der Steuerlast. Die Privaten haben größere Einkommen und geben mehr aus.

Die Zinsen sinken tendenziell. Der Gesamteffekt (Ausdehnung der Privatnachfrage minus Ausfall der Staatsnachfrage) ist null (crowding in) ->

Fiskalpolitik hat keine Wirkung

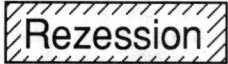

Staatsnachfrage ausdehnen

Fall 1: Anstieg der Staatsschulden.

Der Kapitalmarkt wird belastet, die Zinsen steigen tendenziell. Die private Nachfrage sinkt in exakt dem Umfang, in welchem die Staatsnachfrage angestiegen war. Der Gesamteffekt ist null ->

Fiskalpolitik hat keine Wirkung

Fall 2: Anstieg der Steuerlast.

Die Privaten sparen weniger. Die Zinsen steigen tendenziell. Der Gesamteffekt (Einschränkung der Privatnachfrage minus Anstieg der Staatsnachfrage) ist null. (crowding out) ->

Fiskalpolitik hat keine Wirkung

Eine staatliche Fiskalpolitik muß genauso wirkungslos bleiben: Wenn der Staat Kredite aufnimmt, um mehr Güter nachzufragen, belastet er den Kapitalmarkt. Für die Anhänger der allgemeinen Gleichgewichtstheorie wird eine solche größere Nachfrage unmittelbar zu steigenden Zinsen führen. Sie bestreiten die Möglichkeit, daß zusätzliche Staatsnachfrage geschaffen werden kann, ohne die Zinsen in die Höhe zu treiben. Steigen aber die Zinsen, fragen die Unternehmen weniger Kapital nach. Die Nachfrage des privaten Sektors geht genau um die zusätzliche Nachfrage des öffentlichen Sektors zurück. Es hat eine *Verdrängung der privaten Nachfrage (''crowding out'')* stattgefunden. Der Staat kann die gesamtwirtschaftliche Aktivität nicht beeinflussen.

4.2.3 Spezielle Probleme der angewandten Konjunkturpolitik: lags im wirtschaftspolitischen Entscheidungsprozeß

Im vorangegangenen Teil ist die Rede davon gewesen, daß der private Sektor über mehr Informationen als eine zentrale staatliche Planungsinstanz verfügt (vgl. S. 32). Die "lag"-Debatte in der Geld- und Fiskalpolitik verdeutlicht einige Gründe für diese Hyphothese. Sie stellt zugleich ein wichtiges Problem der angewandten Wirtschaftspolitik dar.

Angenommen, in einem Sektor der vollbeschäftigten Volkswirtschaft tritt eine Störung auf. Die Nachfrage nach Stahl geht zurück. Dies kann der Fall sein, wenn die stahlverarbeitenden Unternehmen die Zukunft pessimistischer einschätzen. Die Stahlproduzenten bleiben auf einem Teil ihrer Produkte sitzen. Die Stahlpreise und die Einkommen der Stahlproduzenten sinken. Die Stahlproduzenten müssen Arbeitnehmer entlassen. Wenig später beginnen auch die Zulieferer der Stahlindustrie, unter den Auswirkungen dieser Entwicklung zu leiden. Für einen Anhänger der keynesianischen Theorie kann es durchaus der Fall sein, daß die Wirtschaft in eine größere Krise gerät. Sein Rezept ist einfach: Der Staat soll die Nachfrage nach Stahl (oder die gesamtwirtschaftliche Nachfrage) zeitweilig aufrechterhalten, damit sich die Krise nicht ausweiten kann. Eine relativ kleine Maßnahme reicht aus, die Folgewirkungen in den anderen Sektoren abzublocken.

Die theoretische Kritik an der keynesianischen Konzeption wurde weiter oben vorgestellt (vgl. z.B. S. 49). FRIEDMAN und andere Ökonomen haben zusätzlich eine plausible praktische Kritik vorgebracht, die auf den Zeitverzögerungen in der Wirtschaftspolitik beruht. Angenommen, die Nachfrage nach Stahl geht zurück. Dann dauert es eine gewisse Zeit, bis sich dieser Rückgang spürbar auswirkt **(disturbance lag)**. Eine weitere Zeitspanne verstreicht, bis die wirtschaftspolitischen Instanzen von diesem Rückgang Kenntnis nehmen **(recognition lag)**. An die Kenntnisnahme der Daten schließt sich deren Interpretation an: Beruht der Rückgang der Nachfrage auf einer statistischen Unregelmäßigkeit, die sich bald wieder ausgleichen wird, beruht er auf einer Veränderung der Produktions- und Konsumstruktur oder steht man tatsächlich vor den Anfängen einer Krise? Nur im letzten Fall sind Maßnahmen gerechtfertigt. Die wirtschaftspolitischen Instanzen sind mit einem Problem konfrontiert, dessen Lösung weitere Zeit in Anspruch nimmt **(diagnostic lag)**. Damit ist die Kette der Zeitverzögerungen aber noch nicht beendet. Die Auswahl und Dosierung der Instrumente muß abgestimmt werden **(decision lag)**. Wenn sich die wirtschaftspolitische Instanz schließlich für einen Kurs entschieden hat, dauert es in der Regel noch eine gewisse Weile, bis das wirtschaftspolitische

Instrument (z.B. die Geld- oder Fiskalpolitik) zu wirken anfängt (**instrumental   und operational   lag**).

Die empirischen Schätzungen zur Dauer dieser lags gehen zwar auseinander, für den disturbance lag wird aber z.B. ungefähr ein Monat angenommen, für den recognition lag z.B. 15 Tage und für den decision lag z.B. 6-24 Monate. Der operational lag ist schwer spezifizierbar. Es kann daher sein, daß in diesem Zeitraum die Marktkräfte schon darauf hingewirkt haben, die ursprünglich Störung zu beseitigen. Dann kommt die wirtschaftspolitische Maßnahme zu spät. Wird aber die Wirtschaft in einem neuen Aufschwung noch zusätzlich angekurbelt, so treten die Gefahren einer Überexpansion auf. Kapazitätsengpässe bedingen Preissteigerungen und Inflation. Der Boden für die nächste Rezession wird vorbereitet.

Wirtschaftspolitik verstärkt in diesem Falle die Schwankungen der gesamtwirtschaftlichen Aktivität. Deswegen vertreten viele liberale Ökonomen das Prinzip der Stetigkeit der Wirtschaftspolitik.[1] Nicht antizyklisch, sondern gleichmäßig sollen die wichtigsten wirtschaftspolitischen Parameter verändert werden. Eine Möglichkeit wäre zum Beispiel, die Geldmenge um das Produktionspotential wachsen zu lassen und ein stetiges Wachstum des Staatshaushaltes zuzulassen, das sich im Einklang mit dem Wirtschaftswachstum befindet.

4.3 Inflation

Auch über die Ursachen und Auswirkungen der Inflation sind sich die Theoretiker nicht einig (vgl. **Geldpolitik**, Kap. 4.4). Die monetaristische Schule sieht in der Inflation eine Hauptursache für wirtschaftliche Krisen. Geldentwertung verändert die Kalkulationen der Wirtschaftssubjekte - diese können nicht mehr in einem Umfeld konstanter Preise unternommen werden, sondern müssen in einem Umfeld sich verändernder Preise stattfinden. Dies steigert die Unsicherheit im Wirtschaftsverkehr und wirkt sich lähmend auf die ökonomische Aktivität aus. Eine **schleichende Inflation** ist relativ wenig bemerkbar. Wenn sich das Tempo der Geldentwertung beschleunigt, hemmt Inflation die Ersparnis- und Kapitalbildung. Diese Auswirkungen werden deutlich sichtbar im Falle einer **Hyperinflation**, wie sie in Deutschland nach den beiden Weltkriegen zu beobachten war und heute z.B. in einigen lateinamerikanischen Staaten stattfindet. Es findet eine Flucht in Sachwerte statt; die Besitzer von Geld kaufen so schnell wie möglich ein, damit sich das Geld in der Zwischenzeit nicht entwertet. Ersparnisse werden nicht mehr gebildet.

Von den Wirtschaftstheoretikern der keynesianischen Schule wird aber eine leichte Inflation durchaus positiv bewertet: Das Niveau der gesamtwirtschaftlichen Nachfrage übersteigt ständig das Niveau der vorhandenen Güter um einen gewissen Betrag. Diese Überschußnachfrage garantiert, daß das Produktionspotential ständig voll ausgelastet ist und auch bei einer sektoralen Unternachfrage die Gesamtnachfrage ausreichend ist.

Auch wird die Verschuldung erleichtert. Der größte Schuldner ist normalerweise der Unternehmenssektor, der mit den Krediten Investitionen tätigt, während der private Sektor die Ersparnisse bildet. Inflation erleichtert dieser Theorie zufolge die Investitionen. (Ein Monetarist würde einwenden, daß die Inflation die Ersparnisbildung behindert, die Zinssätze in die Höhe treibt und deswegen die Investitionstätigkeit behindert.)

---

[1] Walter Eucken hat dieses Prinzip explizit ausformuliert. Grundsätze, a.a.O.

Die **lohn-lag-Hypothese** besagt, daß bei einer Inflation zunächst die Unternehmen ihre Preise erhöhen und erst dann die Löhne steigen. Somit können die Unternehmen für eine gewisse Zeit höhere Gewinne erzielen - ein weiterer Ansporn für eine verstärkte Unternehmertätigkeit. Dem ist entgegenzuhalten, daß Inflation Unsicherheit schafft und deswegen die Investitionstätigkeit bremst.

Auch die Ursachen der Inflation können vielfältig sein. Die obigen Ausführungen zur Geldtheorie geben einige Hinweise: Wenn die Umlaufgeschwindigkeit des Geldes konstant ist und eine Veränderung der Geldmenge keine Veränderung des realen Güterangebots nach sich zieht, hängt das Preisniveau direkt von der Geldmenge ab. Dies ist die klassische monetaristische These. *"Inflation ist demzufolge immer und überall ein monetäres Phänomen"* (MILTON FRIEDMAN).

Stellt die Zentralbank genug Geld zur Verfügung, eine Inflation zu finanzieren, können verschiedene Ursachen für den Ausbruch der Inflation verantwortlich sein. Die Aussage, daß die Inflation immer monetär bedingt ist und durch eine entsprechende Geldpolitik verhindert werden kann, ist sicher richtig. Sie liefert aber noch keine Theorie der Inflation im Falle einer expansiven Geldpolitik. Wenn die Geldpolitik Preissteigerungen zuläßt, kann Inflation letztendlich von vier Ursachen hervorgerufen werden:

1. Unternehmen erhöhen die Preise (**Profit-Push-Inflation**).

2. Unternehmen und Haushalte fragen mehr Güter und Dienstleistungen nach (**Demand-Pull-Inflation**). Auch der Staat kann durch zusätzliche Nachfrage eine Inflation auslösen.

3. Gewerkschaften oder Arbeitnehmerorganisationen verlangen höhere Löhne oder die Rohmaterialkosten steigen und die Unternehmer müssen die Preise erhöhen, um mit den gestiegenen Kosten Schritt halten zu können (**Cost-Push-Inflation**).

4. Etwas komplexer ist die Erklärung der **Demand-Shift-Inflation**. Ergeben sich Veränderungen in der Nachfragestruktur einer Volkswirtschaft, werden in der Regel die Produkte eines Sektors stärker nachgefragt und die Produkte eines anderen Sektors schwächer. Nehmen wir an, durch ein externes Ereignis steigt plötzlich die Nachfrage nach Autos. Die Automobilindustrie wird ihre Kapazitäten nicht so schnell erhöhen können und erhöht die Preise. Gleichzeitig sinkt aber auch die Nachfrage nach Eisenbahnfahrten. Würden die Preise um das Ausmaß zurückgehen, in dem die Preise der Automobilindustrie gestiegen sind, würde sich keine Inflation entwickeln. Die Hypothese der **Demand-Shift-Inflation** nimmt an, daß die Preise nach oben flexibel, nach unten aber kurzfristig starr sind. Diese Annahme wird damit begründet, daß ein Unternehmer kurzfristig seine Kostenstruktur nicht verändern kann, da er an bestimmte Zulieferverträge gebunden ist, Arbeitnehmer nicht nach Belieben entlassen kann und auch nicht die Preise reduzieren will, weil er auf einen erneuten Aufschwung hofft. Wenn dann aber in einem Sektor die Preise steigen und sie in einem anderen Sektor konstant bleiben, tritt Inflation auf.

Angesichts der Vielzahl möglicher Ursachen sind in der Vergangenheit sehr viele Mittel gegen die Inflation vorgeschlagen worden. Die Vorschläge reichten von Appellen an die Wirtschaftssubjekte, sich freiwillig zurückzuhalten, über Lohn- und Preiskontrollen bis hin zu einer strikten Geldmengenpolitik. Nach den Erfahrungen der späten siebziger Jahre läßt sich eindeutig sagen, daß nur die letztere Aussicht auf nachhaltigen Erfolg hat.

4.4 Wachstum

Das Ziel der ökonomischen Aktivität ist die Befriedigung prinzipiell unbegrenzter Bedürfnisse mit knappen Mitteln. Je mehr produziert wird, desto näher wird eine Volkswirtschaft diesem Ziel kommen. Daher haben sich die Theoretiker und auch die Politiker seit dem Entstehen der Nationalökonomie dafür interessiert, wie ein möglichst hohes Wirtschaftswachstum zu erreichen und zu sichern ist.[1] Dies sollte mit Hilfe einer optimalen *Wachstumspolitik* geschehen.

Die Merkantilisten empfahlen eine restriktive Einfuhrpolitik, die Anhaltung der Bevölkerung zur Sparsamkeit, eine Erhöhung des nationalen Goldvorrates sowie eine Förderung der Manufakturkraft.[2] Durch eine solche Steigerung der Manufakturkraft sollte der Reichtum des Landes vermehrt werden.

FRIEDRICH LIST hat den Gedanken der Merkantilisten abgewandelt. Protektionismus war für ihn nur eine vorübergehende Phase der wirtschaftlichen Entwicklung. Wachstum spielt sich bei List im Rahmen der nationalen Ökonomie und zunächst nicht der Weltwirtschaft ab. Er argumentiert, daß Deutschland nur dann eine eigene Industrie aufbauen könne, wenn diese Industrie geschützt sei. Andernfalls werde England alle Versuche einer eigenen Industrie zunichte machen, weil es weiter fortgeschrittene Produktionsstätten besäße. England sei damit in der Lage, solange teuer zu verkaufen, wie Deutschland keine eigene Industrie. Es könne aber auch zeitweilig den deutschen Markt mit billigen Produkten überschwemmen, um eine entstehende deutsche Industrie zu zerstören. Nach der Auflösung der Fabriken könne England dann wieder teurer verkaufen.

Ist eine konkurrenzfähige Industrie aufgebaut, soll ein Land aber nach LIST zum Freihandel übergehen, weil nur die Kräfte des Wettbewerbs dann die Produktion anspornen können. Friedrich List hat einen großen Einfluß ausgeübt und noch heute begegnet uns sein **Schutzzollargument** in vielen Ländern der dritten Welt, die ihre Industrie aufbauen wollen und meinen, sie müßten diese zeitweilig schützen (vgl. **Außenwirtschaft**, Kap. 2.5.3.4).

Eine völlig andere Richtung schlugen die Klassiker ein. Für die Klassiker war es erwiesen, daß nur der freie Wettbewerb ein optimales Wachstum garantieren kann. Motor des Wachstums sind die Unternehmer, die durch Arbeitsteilung und neue

---

[1] für eine umfassende Beschreibung von Wachstumstheorien vgl. W.W. Rostow: Theorists of Economic Growth from David Hume to the Present - with a Perspective on the Next Century. (New York/Oxford: Oxford University Press 1980). Rostow war zeitweilig Präsidentenberater in den USA und hat selber wesentliche Beiträge zur Wachstumstheorie geleistet. Vor allem seine Stufentheorie des Wachstums hat weite Beachtung gefunden. Demzufolge müssen in einer agrarisch orientierten Gesellschaft bestimmte soziokulturelle Bedingungen erfüllt werden, bevor das **take-off** erfolgen kann. (Take-off ist die diskontinuierliche, einem Quantensprung gleichende, "Katapultierung" einer Gesellschaft in das industrielle Zeitalter.)

[2] "We must encourage oeconomy, frugality, discourage the consumption of every thing that can be exported, and excite a taste for superfluity in neighbouring nations." Sir James Steuart: The Works of Sir James Steuart. (London 1805), vol. 1, S. 348

Produktionsverfahren eine bessere Produktivität ermöglichen. Wenn ein Unternehmer in Kapitalgüter investiert, verbessert er damit die Produktivität der Arbeit. Für seine Maschinen erhält er die Verzinsung und den Unternehmerlohn. Vielleicht macht er sogar einen Gewinn. Dieser Gewinn wird gespart und ebenfalls investiert. Dies ist die Quelle des Wachstums. Investitionsgüter (Kapitalakkumulation) ermöglichen eine erhöhte Arbeitsteilung und damit eine bessere Produktivität.

"In the midst of all the exactions of government, this capital has been silently and gradually accumulated by private frugality and good conduct of individuals, by their universal, continual, and uninterrupted effort to better their own condition. It is this effort (...) which has maintained the progress of England towards opulence and improvement in almost all former times, and which, it is to be hoped, will do so in all future times."[1]

Langfristig waren aber auch die Klassiker eher pessimistisch. Mit der höheren Produktivität ist es nämlich möglich, einen größere Anzahl von Arbeitern zu ernähren. Dazu müssen aber mehr Böden bestellt werden. Wenn man davon ausgeht, daß die besten Böden zuerst bestellt werden, so wird es immer anstrengender, eine Einheit an Nahrungsmitteln zu erzeugen, je mehr Menschen existieren. Der Preis der Arbeit wird aber - MARX hat dies später aufgegriffen - durch die Lebenshaltungskosten einer Arbeiterfamilie festgelegt. Je mehr Menschen auf der Erde leben, desto schwerer wird es für den Unternehmer, neue und profitable Produktionsmöglichkeiten zu finden, weil die Arbeitskosten steigen. Die Bodenrente steigt ebenfalls: Für die letzte produzierte Einheit an Nahrungsmitteln muß ein hoher Preis bezahlt werden, weil eine große Anstrengung notwendig war, diese zu erzeugen. Die Landbesitzer mit den besseren Böden können ebenfalls diesen Preis fordern. Sie verdienen eine Knappheitsprämie - die Bodenrente - ohne sich dafür anstrengen zu müssen. Je weiter sich die Wirtschaft entwickelt, desto mehr Kapital sammelt sich an. Wenn alle Böden bestellt sind, ist Kapital der einzige Produktionsfaktor, der nicht knapp ist. Die Klassiker machten die Annahme, daß die Arbeiter nur ihren (durch physische Gegebenheiten festgesetzten) **Subsistenzlohn** bekommen würden. Je knapper die Böden werden, desto mehr Renten gehen an die Landbesitzer. Wenn diese sämtliche Renten beziehen, ist es für den Unternehmer sinnlos, weitere Investitionen zu tätigen, weil für Kapitaleinsatz keine Prämien mehr gezahlt werden.

Dann tritt die Wirtschaft in eine **stationäre Phase**, in der keine Entwicklung mehr möglich ist. MARX hat diese Vorhersage später benutzt, um seine Krisentheorie abzuleiten. Ricardo hat allerdings gezeigt, daß der technische Fortschritt,eine solche stationäre Phase in die ferne Zukunft verschieben kann. Wenn technischer Fortschritt möglich ist, erhöht sich die Verzinsung der Investitionsgüter (des Realkapitals). Unternehmer können Gewinne erzielen und zusätzlich investieren; dies löst einen Wachstumsschub aus.[2]

JOHN STUART MILL war der letzte der klassischen Ökonomen, der sich mit der Wachstumstheorie beschäftigte. Wachstum wurde immer mehr als selbstverständlich angenommen; es rückte aus dem Mittelpunkt des Erklärungsinteresses. Am Ende des neunzehnten Jahrhunderts und in den ersten Dekaden des zwanzigsten Jahrhunderts beschäftigten sich die Ökonomen mehr mit Konjunkturzyklen und verteilungstheoretischen Problemen. Erst JOSEPH SCHUMPETERS *"Theorie der Wirtschaftlichen Entwicklung"* beendete diese Epoche. In seinem ersten größeren Werk, das ihm sofort ein hohes Ansehen

---

[1] Adam Smith: The Wealth of Nations. (London: University Paperbacks 1961), S. 91

[2] P. Sraffa (Hg.): The Works and Correspondence of David Ricardo. (Cambridge: Cambridge University Press 1951), S. 93 ff.

einbrachte, argumentierte SCHUMPETER, daß ein Unternehmer nicht so sehr durch eine *verbesserte Arbeitsleistung* zum Fortschritt beiträgt, sondern durch eine *Vision von grundlegend neuen Produktions- und Dienstleistungsverfahren,* die er in die Praxis umsetzt. Diese Innovationen bauen nicht nur auf größeren Investitionen, sondern auf qualitativen Verbesserungen auf. Damit sind dem Unternehmergeist und der Innovationskraft des Kapitalismus (zumindest theoretisch) keine Grenzen gesetzt.[1]

Im Gefolge von KEYNES wurde das Feld der Wachstumstheorie wieder attraktiv. KEYNES hatte gezeigt, daß Unterkonsumption möglich war und daß unter gewissen Umständen nicht alle Waren, die produziert wurden, auch konsumiert wurden. Mit der keynesianischen Ökonomie begann man, in Begriffen der Volkswirtschaftlichen Gesamtrechnung zu denken. Diese ist zum großen Teil eine Folge der keynesianischen Theorien. Ein einfache Identitätsgleichung besagt, daß das Volkseinkommen gleich dem Teil sein muß, der gespart wird, plus dem Teil, der konsumiert wird. Gleichzeitig muß das Volkseinkommen eine zweite Bedingung erfüllen: Investitionen und Konsum müssen zusammengenommen ebenfalls das Volkseinkommen ergeben. Daraus läßt sich ableiten, daß ex post die Ersparnisse immer gleich den Investitionen sein müssen (vgl. **Makroökonomik,** Kap. III.B.3). KEYNES behauptete nun, daß eine Bevölkerung kollektiv zu viel sparen kann und daß damit Waren in den Warenhäusern liegen blieben. Weil diese Waren nicht verkauft werden, fehlen sie in der nächsten Periode im Volkseinkommen. Übersparen hat somit einen Schrumpfungsprozeß zur Folge.

HARROD und DOMAR haben die Theorien von Keynes zu einer geschlossenen Wachstumstheorie weiterentwickelt **(Postkeynesianische Wachstumstheorie).** Sie gehen davon aus, daß Kapital und Arbeit bei einer gegebenen gesamtwirtschaftlichen Technologie in einem festen Verhältnis zueinander eingesetzt werden müssen. Ändert sich an dieser Technologie nichts, so gibt es nur eine Wachstumsrate, die stabil ist und damit die Gleichgewichtsbedingungen erfüllt. Wächst das Arbeitsangebot mit einer gewissen Rate, muß der Kapitalstock ebenfalls mit dieser Rate wachsen. Die Sparquote muß einen ganz bestimmten Wert annehmen, um diese Bedingung zu erfüllen. Das Wachstumsgleichgewicht ist äußerst prekär und instabil.[2]

Einige der postkeynesianischen Modelle arbeiten mit der sogenannten **Unterkonsumptions- und Stagnationshypothese,** die von HANSEN vertreten wurde. Je reicher eine Bevölkerung wird, desto mehr wird sie in der Regel sparen. Es wird aber nicht genug investiert, weil die Nachfrage nicht hoch genug ist - das Wachstum bleibt hinter seinem Potential zurück.

ROBERT SOLOW hat gezeigt, daß dies nicht notwendigerweise der Fall ist und die **neoklassische Wachstumstheorie** begründet. Wenn viel gespart wird, nimmt das Kapitalangebot auf den Kapitalmärkten zu. Bei gleicher Nachfrage muß der Preis für Kapital (der Zinssatz) sinken. HARROD und DOMAR behaupten nun, daß ein gesunkener Zinssatz keine Auswirkungen hat, weil Arbeit und Kapital in einem festen Verhältnis zueinander eingesetzt werden müssen. Diese Annahme bestreitet SOLOW. Er geht davon aus, daß Kapital und Arbeit zu einem gewissen Grade gegeneinander ausgetauscht werden können. Sinkt der

---

[1] Joseph Schumpeter: <u>Theorie der wirtschaftlichen Entwicklung.</u>(Leipzig: Duncker & Humblodt 1912)

[2] E. D. Domar: <u>Essays in the Theory of Economic Growth.</u> (New York: Oxford University Press 1957) und Roy F. Harrod: "Comment," in: "Monetary Policy: A Symposium", <u>Bulletin,</u> Oxford Institute of Statistics 1952

Zinssatz, wird ein Unternehmer relativ mehr Kapital einsetzen. Weil die Arbeitskosten konstant geblieben sind, kann er insgesamt eine größere Menge von Kapital und Arbeit einsetzen. Dadurch werden mehr Güter produziert. Sollte zuviel gespart und zuwenig konsumiert werden, ist dies kein Problem: Der Zinssatz wird weiter sinken, so daß noch mehr Investitionsgüter nachgefragt werden.

Die heutigen mathematischen Wachstumsmodelle sind sehr komplex und lassen für die praktische Wirtschaftspolitik oft wenige konkrete Schlußfolgerungen zu. Diese Entwicklung wurde mit dem sogenannten *"Turnpike-Theorem"* eingeleitet. Parallel dazu hat sich aber eine neue Richtung der Wachstumstheorie entwickelt, die vor allem mit den Namen JAMES BUCHANAN und MANCUR OLSON verbunden ist. Diese neue politisch-ökonomische Wachstumstheorie läßt sich durchaus zur Ableitung konkreter Handlungsanweisungen verwenden.

JAMES BUCHANAN hat gezeigt, daß die wirtschaftliche Aktivität zwar für einen einzelnen Verband oder für ein Individuum produktiv, für die gesamte Wirtschaft aber dennoch unproduktiv sein kann. Gelingt es zum Beispiel einem Landwirtschaftsverband, die Produktion seiner Mitglieder durch Einkommensumverteilungen zu subventionieren, so steigen die Einkommen der Landwirte und der mit der Landwirtschaft verbundenen Industriezweige. Allerdings werden nicht nur Einkommen umverteilt. Es müssen erhebliche Kosten für politische Lobbytätigkeit und Verbandstätigkeit aufgewendet werden. Der Staat muß Instrumente für die Einkommensumverteilung bereitstellen. Die unproduktive Tätigkeit der Umverteilung führt zu Kosten. Die gesamte Volkswirtschaft erleidet netto einen Schaden. Dieses Verhalten wird als **rentensuchende Aktivität ("rent-seeking behaviour")** bezeichnet. Hinzu kommt ein weiterer Wohlfahrtsverlust, weil der Anstieg der Produzentenrente geringer ist als der Rückgang der Konsumentenrente (vgl. **Außenwirtschaft**, Abschnitt 2.5.2.1).

Je stärker nun rent-seeking sich gegen produktive Tätigkeiten durchsetzt, desto stärker wird sich das Wirtschaftswachstum abschwächen. MANCUR OLSON hat mit seinem Buch *"Über Aufstieg und Niedergang der Nationen"* beachtliches Aufsehen erregt.[1] Er argumentiert, daß Japan und die Bundesrepublik deswegen nach dem Kriege eine so dynamische Wirtschaft hatten, weil sie die Chance hatten, neu anzufangen. Verbände und Interessengruppen hatten die Gesellschaft noch nicht lahmgelegt, so daß mehr Energien in direkt produktive Tätigkeiten flossen. In diesem Zusammenhang gehören auch Theorien, die fehlendes Wachstum mit der Größe des Staatshaushaltes verbinden. Es wird argumentiert, daß Bürokraten nicht dem Wettbewerb ausgesetzt sind und wenig leisten müssen, daß staatliche Aktivität also höchst unproduktiv ist. Wenn nun der staatliche Sektor relativ groß ist, muß der produktive private Sektor relativ klein sein, was einen direkten Effekt auf das Wachstum hat.

4.5 Verteilung

Die Verteilungspolitik behandelt wichtige Fragen der Wirtschaftspolitik. Wie sollen die Güter und Dienstleistungen, die in einer Wirtschaft produziert werden, auf die einzelnen Haushalte verteilt werden? Wer bekommt was wofür? Sollen die Gewerkschaften eine

---

[1] Mancur Olson: The Rise and Decline of Nations. (New Haven: Yale University Press 1983)

größere Lohnerhöhung fordern? Sollen die Arbeitgeber diese verweigern? Sollen viele Stellen im öffentlichen Dienst geschaffen werden?

Hier geht es um wirtschaftliche, zum Teil auch machtpolitische Interessen. Auch konjunkturpolitische Debatten werden teilweise mißbraucht, um verteilungspolitische Ziele zu erreichen. Eine rationale Analyse sollte versuchen, die Argumente der Interessengruppen kritisch zu hinterfragen. Es bietet sich an, zwischen der personalen Verteilung und der funktionalen Verteilung zu unterscheiden. Weiterhin kann zwischen der Verteilung von Einkommen und Vermögen unterschieden werden.

Für die Klassiker war vor allem das Problem der **funktionalen Verteilung** interessant, weil sich hier starke Verbindungen zum wachstumstheoretischen Aspekt ergeben. Wer soll die "Renten" der wirtschaftlichen Aktivität erhalten? Arbeiter oder Landwirte? Ist der Unternehmer nicht das wichtigste Glied in der Kette? Ist der Kapitalzins ausreichend? Die Klassiker kamen generell zu der Schlußfolgerung, daß eine gute Entlohnung des Faktors Kapital (akkumuliert aus den Gewinnen vergangener Perioden) die beste Garantie für Wachstum sei, weil damit die weitere Expansion des Kapitalstocks am besten gesichert werden kann.

Postkeynesianische Wachstumsmodelle haben das Argument umgedreht. Sie versicherten, daß in entwickelten Volkswirtschaften tendenziell Unterkonsumption einsetzt (HANSEN). Je reicher eine Volkswirtschaft sei, und je mehr sich das Produktivkapital konzentriere, desto weniger würde im Verhältnis zum Einkommen ausgegeben. Deswegen sei es wichtig, den Faktor Arbeit besonders zu entlohnen. Arbeitnehmer sparen normalerweise einen kleineren Teil ihres Einkommen - der Konsum steigt in Relation zu einer Situation, in welcher die Kapitaleigner mehr Einkommen erhalten. KEYNES hat hinzugefügt, daß reiche Haushalte eher spekulieren und daß Investitionen von Zukunftserwartungen abhängen. Konsum hängt zu einem großen Teil nicht von den Zukunftserwartungen ab. In einer Krise können reiche Haushalte ihre Investitionen zurückhalten - Arbeitnehmerhaushalte müssen aber weiter konsumieren. Daher hat nach Keynes eine Gleichverteilung auch stabilisierungspolitisch wichtige Vorteile. Die Debatte um Massenkaufkraft vs. Kapitalakkumulation hat seit mehr als fünfzig Jahren die Gemüter erhitzt. Wir können - und wollen - sie hier nicht lösen.

Neben den wachstumstheoretischen Aspekten wird die Verteilungspolitik aber auch unter Gerechtigkeitsaspekten und machtpolitischen Gesichtspunkten diskutiert. Dann sprich man von der **personalen Einkommensverteilung**. Mittel zur Darstellung der Einkommens- oder Vermögensverteilung ist die **Lorenzkurve** (vgl S. 63).

Entlang der Ordinate wird das Vermögen oder Einkommen der Volkswirtschaft dargestellt, entlang der Abszisse der prozentuale Anteil der Haushalte. Dabei sind die Haushalte nach ihren Einkommen oder Vermögen in aufsteigender Rangfolge geordnet. Die ersten Haushalte haben einen kleineren Anteil am Gesamtvermögen als die letzten Haushalte, was sich in einer wachsenden Steigung der Kurve ausdrückt. Eine völlige Gleichverteilung wäre gegeben, wenn der resultierende Graph eine Grade mit 45 % Steigung vom Ursprung wäre. Weicht die Verteilung ab, d.h. haben die ersten Teile der Bevölkerung weniger Einkommen als die letzten, ergibt sich ein "Bauch" unter der Gleichverteilungskurve. Je ungleicher die Verteilung ist, desto größer wird der Bauch.

Je mehr ein Wirtschaftspolitiker dem sozialistischen Gedankengut anhängt, desto eher wird er eine möglichst große Gleichverteilung von Einkommen als wünschenswert ansehen. Vertreter dieser Richtung würden also versuchen, durch wirtschaftspolitische

Maßnahmen Gleichverteilung herbeizuführen. Eher konservative Wirtschaftspolitiker erwidern, daß eine solche Politik die Freiheit des Individuums unangemessen einschränkt. Eine Gleichverteilungspolitik involviert bürokratische Kontrollen, Umverteilung und einen starken administrativen Apparat. Dies hemmt die Leistungsbereitschaft.

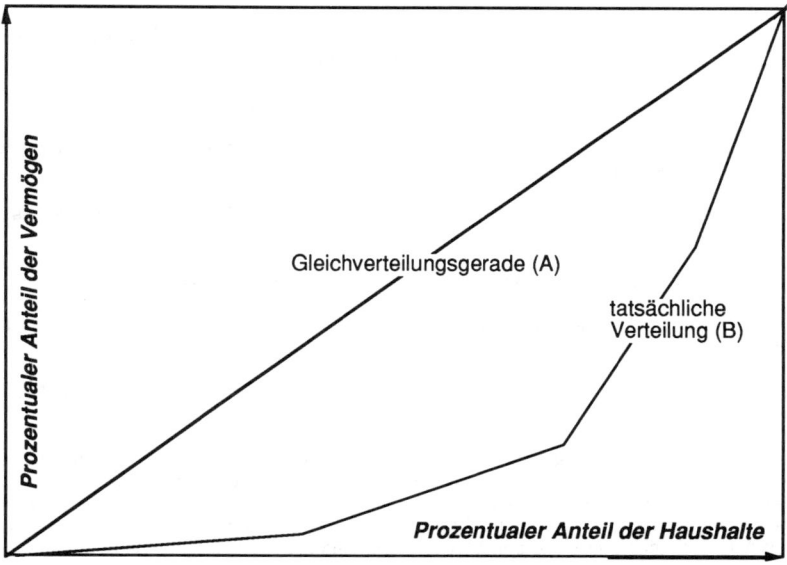

Ungleichverteilung der Vermögen ist auch wegen eines machtpolitischen Aspekts interessant. In einer vielbeachteten empirischen Untersuchung der sechziger Jahre hat KRELLE festgestellt, daß wenige Prozent der Haushalte in der Bundesrepublik über drei Viertel des Produktivvermögens halten. (Die Landwirtschaft wurde allerdings in dieser Untersuchung nicht berücksichtigt). Die meisten Deutschen bevorzugen Sparanlagen anstelle von Aktien. Hier ergibt sich die Frage, ob in einer solchen Situation machtpolitische Ungleichheiten entstehen. Der Sozialist würde antworten, daß die Ungleichverteilung von Einkommen macht- und sozialpolitisch sehr bedenklich sei. Der Kapitalist hält dem entgegen, daß Vermögen nur aufgrund produktiver Leistung erworben werden können und im Wettbewerb ständig behauptet werden müssen. Der Wettbewerb sei daher ein wesentlich besseres Mittel zur Kontrolle der Gruppe der Vermögensbesitzer als eine zu diesem Zwecke geschaffene Bürokratie. Außerdem stellt sich die Frage, wie diese Bürokratie kontrolliert werden soll.

Verteilungspolitik ist eng verbunden mit Wachstumstheorie, normativer Theorie und auch mit Stabilisierungsgesichtspunkten. Verschiedene Auffassungen treffen aufeinander. Es war Zweck dieser Arbeit, die Querverbindungen der einzelnen Auffassungen und Komponenten der Wirtschaftspolitik darzustellen. Hinter den meisten wirtschaftspolitischen Argumenten verbirgt sich ein geschlossenes Konzept, ein erkenntnisleitendes Interesse. Die Kenntnis dieses Konzeptes hilft, Argumente einzuordnen und in einen größeren Zusammenhang zu bringen.

Kontrollfragen

1. a) Welches sind die fünf Grundprobleme der Wirtschaftspolitik? b) Welches dieser Probleme ist relativ neu? c) Welches ist das "politischste" Problem?

2. Mit welchen Mechanismen können diese Probleme prinzipiell gelöst werden?

3. Werden beim Gleichgewichtspreis und der Gleichgewichtsmenge unter der Voraussetzung eines vollständigen Marktes alle Pläne der Individuen erfüllt?

4. a) Suchen Sie Beispiele für die vollständige Konkurrenz. b) Welches sind die beiden häufigste Marktformen?

5. Welche drei Zielrichtungen hat die Theorie der Wirtschaftspolitik?

6. Was ist eine "Second-Best"-Lösung und warum sind solche Lösungen so schwierig für die analytische Theorie?

7. Welches sind nach TINBERGEN die drei Intensitätsgrade der Wirtschaftspolitik? Wodurch unterscheiden sie sich?

8. Soziale Tatbestände lassen sich auf drei Ebenen erklären: a) die Handlungen von Individuen, b) die Handlungen von Gruppen, c) die Handlungen von Klassen und d) die Verhaltensweisen von Staaten. Welche dieser Erklärungsansätze wird am ehesten von welcher Sozialwissenschaft vertreten? Denken Sie über die Kontroverse zwischen methodologischem Individualismus und den Vertretern der Analyse ökonomischer Gesamtheiten nach.

9. Worum dreht sich die Kontroverse zwischen dem Merkantilismus und dem klassischen Liberalismus?

10. Erklären Sie den von MARX eingeführten Begriff des "Mehrwerts."

11. Beschreiben Sie das Programm des demokatischen Sozialismus.

12. a) Was besagt die Konvergenzhypothese von TINBERGEN und SIK? b) Was ist der Inhalt der GALBRAITHSCHEN Zwei-Sektoren-Hypothese?

13. Warum betont der Ordoliberalismus das Prinzip der Wirtschaftsordnung? Welches sind nach Eucken die konstituierenden, welches die regulierenden Prinzipien einer Wirtschaftsordnung? Inwiefern hat der Ordoliberalismus die Wirtschaftspolitik in der Bundesrepublik beeinflußt?

14. a) Welche der drei Konzeptionen klassischer Liberalismus, Neoliberalismus und Ordoliberalismus ist die am stärksten noninterventionistische Schule? b) Welche der drei Schulen befürwortet Staatseingriffe am meisten?

15. a) Stellen Sie die wettbewerbspolitischen Standpunkte von "Workable Competition" und "Chicago School" dar. b) Anhand welcher Kriterien will CLARK das Ergebnis von Wettbe-werbspolitik messen?

16. Was ist ein politischer Konjunkturzyklus?

17. Wann ist die Geldpolitik, wann die Fiskalpolitik sinnvoller?

18. Welche "lags" können im wirtschaftspolitischen Prozeß auftreten?

19. a) Welche vier Arten der Inflationsverursachung lassen sich unterscheiden? b) Warum ist Inflation trotzdem letztendlich "immer und überall ein monetäres Phänomen?"

20. Worin besteht der Hauptunterschied zwischen der klassisch-neoklassischen Wachstumstheorie und der SCHUMPETERschen Wachstumstheorie? Denken Sie über die Implikationen für die Wachstumspolitik nach.

21. Worin unterscheiden sich säkulare Stagnationsmodelle (HANSEN) und neoklassische Wachstumstheorie (SOLOW)?

22. Warum hat "rent-seeking" einen negativen Einfluß auf das Wirtschaftswachstum?

23. Der Produktionsfaktor Kapital (alternativ: Arbeit) sollte möglichst gut entlohnt werden. Diskutieren Sie diese These unter Einbeziehung verteilungspolitischer, wachstumspolitischer und stabilisierungspolitischer Gesichtspunkte. (Offene Frage, ohne Lösung).

Lösungshinweise

1. a) Allokationsproblem, Distributionsproblem, Wachstumsproblem, Stabilisierungsproblem, Machtproblem. b) Stabilisierungsproblem. c) Machtproblem.

2. Marktmechanismus, Hierarchie und Bürokratie, Demokratie und Wahlen, Verhandlungen zwischen Verbänden, Oligopolen und Gruppen.

3. Nein. Auch die Gleichgewichtsmenge stellt einen Kompromiß zwischen prinzipiell unendlichen Bedürfnissen und begrenzten Mitteln dar.

4. a) Der vollkommene Marktmechanismus läßt sich am ehesten an Börsen oder bei der Landwirtschaft beobachten. b) Monopolistische Konkurrenz und Oligopol.

5. Normensetzung, Analyse, Praxis (vgl. S. 14).

6. Eine "Second-Best"-Lösung muß vom Wirtschaftspolitiker angestrebt werden, wenn er nicht alle Faktoren für eine "First-Best"-Lösung beeinflussen kann. Solche Lösungen werfen deshalb besondere Probleme auf, weil die analytische Theorie wenige Kriterien zur Beurteilung von "Second-Best"-Lösungen bereitstellen kann.

7. Reformen, qualitative Politik und quantitative Politik (vgl. S. 17).

8. a) Liberale Wirtschaftswissenschaften b) Soziologie c) marxistische Wirtschaftswissenschaften und Soziologie d) etatistisch orientierte Politikwissenschaft.

9. vgl. S. 21-24.

10. vgl. S. 28.

11. vgl. S. 30.

12. a) Die Konvergenzhypothese prophezeite eine Annäherung der kapitalistischen und sozialistischen Wirtschaftssysteme auf halbem Weg. b) Die Zwei-Sektoren-Hypothese geht von einem geplanten und mächtigen Sektor in der Wirtschaft aus (Großunternehmen, Verbände) und einen fragmentierten Sektor, in welchem Marktbedingungen herrschen (kleine Anbieter, Handwerker, etc.). Dieser Sektor wird vom Unternehmenssektor ausgenutzt.

13. vgl. Kap. 3.8.

14. a) Neoliberalismus b) Ordoliberalismus.

15. a) vgl. S. 38-39. b) Marktstruktur-Kriterien, Marktverhaltens-Kriterien und Marktergebnis-Kriterien.

16. vgl. S. 40-41.

17. vgl. S. 42-55 sowie unbedingt auch die Titel **Makroökonomik** und **Geldpolitik** dieser Reihe.

18. disturbance lag, recognition lag, diagnositic lag, decision lag, instrumental und operational lag.

19. a) Profit-Push-Inflation, Demand-Pull-Inflation, Cost-Push-Inflation, Demand-Shift-Inflation. b) Wenn die Geldmenge konstant gehalten wird, kann das Preisniveau (bei konstanter Umlaufgeschwindigkeit des Geldes und konstantem Handelsvolumen) nicht steigen (**Quantitätstheorie**). Erst eine Erhöhung der Geldmenge schafft die Voraussetzungen für einen Preisanstieg.

20. Die klassisch-neoklassische Wachstumstheorie begründet Wachstum durch die Anhäufung von Kapital und eine verbesserte Grenzproduktivität der anderen Produktionsfaktoren. Je mehr Kapital angehäuft wird, desto langsamer nimmt die Grenzproduktivität zu. Letztendlich tritt die Wirtschaft in eine "stationäre Phase" ein. SCHUMPETER hingegen sieht einen Prozeß der "kreativen Zerstörung", in welchem der Unternehmer alte Produktionsmethoden durch neue Produktionsmethoden ersetzt. Dadurch werden alte Kapitalbestände zerstört. Wachstum ist damit nicht mehr quantitativ (mehr Kapital) sondern qualitativ (verbesserte Produktivität des Kapitals) begründet. Prinzipiell sind dem Wachstum keine Grenzen gesetzt.

21. vgl. S. 60-61.

22. vgl. S. 61.